VOM DUNKEL ZUM LICHT

*Dieses Buch ist kein Lehrbuch,
sondern ein Buch – aus der Praxis heraus entstanden –
für Eltern, Lehrer, Erzieher und Bezugspersonen,
die den Kindern helfend zur Seite stehen möchten.*

CHRISTA GENSCH-BUSSE

VOM DUNKEL ZUM LICHT

Isoliertheit durchbrechen

Begleitung eines taubblinden Kindes

Bibliografische Information der Deutschen Nationalbibliothek
Die Deutsche Nationalbibliothek verzeichnet diese Publikation
in der Deutschen Nationalbibliografie;
detaillierte bibliografische Daten sind im Internet
über http://dnb.dnb.de/ abrufbar.

Die automatisierte Analyse des Werkes, um daraus Informationen
insbesondere über Muster, Trends und Korrelationen gemäß §44b UrhG
(„Text und Data Mining") zu gewinnen, ist untersagt.

© 2025 Christa Gensch-Busse
Coveraquarell: Peter Nadig
Satz, Umschlaggestaltung und Verlag: BoD – Books on Demand, In de
Tarpen 42, 22848 Norderstedt, bod@bod.de
Druck: Libri Plureos GmbH, Friedensallee 273, 22763 Hamburg

ISBN: 978-3-7597-6506-2

Inhalt

Einführung zum Verstehen der Taubblindheit

Als Taubblinde zählt man volltaube und vollblinde Kinder, sowie solche Kinder, deren Hör- und Sehverlust so groß ist, dass sie von dem normalen Erziehungsprogramm Gehörloser oder Blinder nicht profitieren können.

Der Ausfall beider großen Sinne wie Hören und Sehen stellt eine ganz eigene Form der Behinderung dar. Nichts-Sehen, das ist dauernde Dunkelheit, Nichts-Hören ist Abgeschiedenheit. Diese Menschen sind hilflos in unserer Welt. Ihnen fehlen die entscheidenden Impulse zur natürlichen Entfaltung ihrer Anlagen. Sie sind ausgeschlossen und dadurch isoliert,. Schwere Beeinträchtigungen in der Gesamtentwicklung sind die Folge. Dieses Alleinsein in der Finsternis und Stille ist wohl mit die eindrücklichste Form menschlichen Daseins. Jedes Kind steht für sich und muss individuell gesehen werden. Es wird mit anderen Maßstäben gemessen, da, wo es nichts zu sehen gibt, und dort, wo die Stille wohnt. Unsere vordringlichste Aufgabe ist es, die Isoliertheit zu durchbrechen.

Viel Geduld, Erkenntnisse, Erfahrungen und Kreativität sind gefragt, um helfend, fördernd, zur Seite zu stehen. Die Begleitung bleibt lebenslang.

Taubblind-Gedanken

Tastend, erkundend erfahren Hände
den Stoff der Welt.
Doch wie verwirrend
eilt viel Unfassbares
durch dieses Feld.

Feld gleicht dem Acker,
Furchen gar viel an der Zahl,
Alles fließt ineinander,
oh, welche Qual.

Wo ist mein Feld?
Hilf es mir finden.
Ich will ja nicht viel,
doch möchte ich verbinden
mit mir ein Stück Welt.

Sonne erleb´ ich,
der Tautropfen grüßt mich.
Natur ist mein Heim.
Doch Mensch, wo bist du?
Gib mir den Schlüssel,
lass mich zu dir hinein.

Christa Gensch-Busse

Zu meiner Person

Im Alter von 6 Jahren begegnete ich zum ersten Mal bewusst einem behinderten Kind. Der kleine Bub, er hieß Gerd, war etwa 4 Jahre. Er sprach nicht, er bewegte sich ständig in gleichen Bewegungsmustern, lief tänzelnd im Kreis. Ich nahm dies staunend und mich wundernd hin, und bedauerte, dass ich nicht mit ihm spielen konnte. Er war für sich, er war zwar nah und doch schien er mir so fern.

Mit Tod und Ängsten wurde ich besonders in den Kriegs- und Nachkriegswirren konfrontiert.

Als ich sechzehn war, starb die Frau meines Bruders mit 21 Jahren und hinterließ einen Knaben von 6 Monaten. Mein Neffe suchte seine Mutter, zu der er schon Beziehung aufgebaut hatte und fand sie nicht. Er verweigerte die Nahrung und war ständig von fieberhaften Infekten geplagt. Ich war über ein Jahr seine Ersatzmutter. Diese Zeit prägte sich mir tief ein. Oft an meinen Grenzen erfuhr ich, wie viel ein Kleinkind ertragen, erleben, erleiden muss. Mein Neffe weinte viel, wachte nachts oft auf. Doch ganz langsam wuchs ein Band zwischen uns, und ich konnte ihn trösten. Die vielen Arztbesuche und Maßnahmen hielten uns in Bewegung. Dieses gewachsene Band, das sich zwischen uns im emotionalen Bereich entfaltete, lebt heute noch im Stillen in mir und meinem Neffen.

Mit neunzehn Jahren kam ich zur Entlastung einer Mutter für einige Wochen in eine Familie mit einem damals 13-jährigen, geistig behinderten Mädchen, das zusätzlich cerebral gelähmt war. Vreni war ein überaus anmutiges hübsches Kind, das ich nur liegend erlebte. Sie hatte keine Sprache, keine Mimik, sie lag da, stumm und ohne Bewegung. Sie wurde gebettet und ständig neu gelagert. Das Essen war in Breiform und es erfolgten nur schwache Schluckbewegungen. Alle Handhabungen um Vreni wurden mir nun übertragen. Dieses Tun um Vreni berührte mich damals sehr. Vreni wurde liebevoll von den Eltern zuhause gepflegt. Dies beeindruckte mich nachhaltig. Die Mutter widmete sich in der Zeit meiner Anwesenheit ihrem schulpflichtigen 7-jährigen Sohn. Es erfüllte mich, diesen Liebesdienst zu leisten. Ich fühlte, dass ich gebraucht wurde. Noch heute bin ich dankbar für diese Gelegenheiten, die mir das Leben bot, und ich so um den tieferen Sinn des Daseins nachdenken konnte, der mich zu meinem erfüllten Dienst in der Heilpädagogik bereitmachte, mir Lebensschulung war.

Mein späterer Beruf als Arzthelferin in Zürich brachte mir viel Erkenntnis und Wissen im medizinischen Bereich und eröffnete und erweiterte mir die Zusammenhänge von Krankheit und Behinderung, besonders die Zeit in der Kinderarztpraxis einer großartigen Ärztin und Pädagogin, die gleichzeitig Chefärztin der Kinderabteilung der Schweizerischen Pflegerinnen Schule in Zürich war. Es kamen viele Notfälle, chronisch kranke Kinder, ich sah seltene Krankheitsbilder, behinderte Kinder verschiedenster Art und krebskranke Kinder. Einen krebskranken, 2½ jährigen Knaben durfte ich ein Jahr begleiten. Es war das letzte Jahr seines jungen Lebens. Er war das vierte Kind von fünf Kindern, ein hübsches, reges Kind, in seinem Gefühlsleben stark ansprechend, uns so offen zugewandt. Für mich war der Einblick in seine Kinderseele und das geduldige Tragen seiner Krankheit tief bewegend. Es war schwer, ein Kleinkind so leiden zu sehen, doch möchte ich auch diese Zeit nicht missen. Ich sehe Reto noch heute vor mir. Er bekam in unserer Praxis die Infusionen, die gegen den Krebs angesetzt wurden. Er kam immer strahlend in die Praxis mit einem Elternteil. Er lag auf dem Untersuchungsbett, und nach kurzer Zeit sagte er: „Mir ist so schlecht." Und doch kam er die nächste Woche wieder mit freudig sprechenden Augen. Dann kam die Zeit, wo es nicht mehr ambulant weiterging, sein Zustand ließ es nicht zu. Er wurde hospitalisiert. Nun besuchte ich unseren kleinen Patienten jeden Tag. Die Praxis meiner Chefin befand sich in diesem Spital. Von einigen Erlebnissen, Eindrücken und Aussagen von Reto möchte ich etwas wiedergeben: Sein kleines Brüderchen war in unserer Praxis für eine Schutzimpfung angemeldet. Dies berichtete ich Reto. Ich sagte ihm: „Marco, dein Bruder, kommt heute zur Impfung. Er bekommt eine kleine Spritze, dass er nicht krank wird". Reto fragt zurück: „Wer hat Marco krank gemacht? Weißt du, Marco hat Spritzen nicht gern." Er, selbst noch klein, leidend darniederliegend, wollte sein Brüderchen schützen, sich für ihn einsetzen. Er hatte Erfahrung, was unangenehm ist.

Reto bekam starke Schmerzen und man setzte Bestrahlung an, daraufhin verlor er sein Augenlicht. Er nahm es still hin und fragte nicht! Seine Augen strahlten jedoch weiterhin. Ein Kind in diesem Alter wird ganzheitlich vom Geschehen erfasst. Es hat noch keine Möglichkeit, sich zu äußern, es in Worte zu fassen, da ihm das Handeln um ihn nicht verständlich ist. Es erfasst die Situation nicht, deshalb bleibt es unfassbar. Eines Tages wünschte er, ich solle ihm seine Spieluhr geben, die mit der Hexe drauf. Ich gab ihm die Spieluhr, die ich auf seinem Nachttisch vorfand. Reto wies sie jedoch sofort zurück, es ist nicht die richtige, weißt du, die mit der Hexe drauf! Er hatte für sich schon einen Weg gefunden und orientierte sich tastend. Darüber war ich sehr erstaunt, wie die kleinen Finger rasch über die Spieluhr wanderten und die Merkmale erkannten, ohne noch die akustischen Töne zu hören. Nach weiterem Suchen fand ich zu seiner Zufriedenheit seine zweite Spieluhr, die mit der Hexe. Ein anderes Mal wollte er, dass ich ihm ein Bild male. Er wünschte sich eine Lok. Auch er wollte malen. Ich setzte ihm sein Betttischchen in sein Bett, und er wünschte auch Farbstifte. Ich begann zu malen, und als ich fertig war, bewunderte er meine gezeichnete Lok, die er nicht sehen konnte. Da ich auf seinem Blatt nichts sah, fiel es mir schwer, wie ich mich verhalten sollte, sagte aber nach einer Weile, da ich ihn auffordernd sitzen sah, dass ich nichts sehe. Da sagte mir Reto mit freudigem, erwartenden Ausdruck: „Weißt du, das ist eben der Wind…, und wieder war ich staunend überrascht, welche Möglichkeiten, welche Phantasie, welch Reichtum in diesem Kleinkind verborgen lag.

Bald wurde sein Zustand sehr kritisch und er äußerte den Wunsch gegenüber der Krankenschwester, er möchte zu Schwester Christa in die Praxis. Man fuhr ihn in seinem Bettchen mit dem Aufzug zu mir. Seine Augen leuchteten in seinem matten Körper. Ich sollte ihm mein Zimmer beschreiben, und er fragte, ob immer noch das Bild mit dem Papagei hier hängt, und er zeigte mit dem Arm in die Richtung, doch sein Köpfchen blieb bewegungslos im Kissen liegen. Er wollte eine Geschichte von mir hören. Danach fühlte ich ganz stark, ich sollte die Mutter anrufen, da es vielleicht die letzte Gelegenheit wäre, mit ihrem Kind zu sprechen. Ich fragte Reto, ob wir telefonieren sollen. Er stimmte freudig erwartungsvoll zu. Die Mutter weinte gerührt von dieser Verbindung. Mutter und Söhnchen tauschten sich innig aus, ich hielt den Hörer für Reto in seinem Bettchen, herausnehmen konnte ich ihn nicht mehr. Ein paar Tage später schlief er ruhig, kurz vor Weihnachten, „engelsgleich" ein.

Auch hatte ich vermehrt Kontakt mit autistischen Kindern, für mich damals ergreifend: Das Wesen und der Anblick des autistischen Kindes, anmutig, aber auch fremd und unnahbar zugleich. Ich fragte mich: Wo setzt man an, wo ist Hilfe möglich, den Kontakt und die Kommunikation aufzubauen? All diese Erlebnisse waren Mitgründe für meine spätere Entscheidung zum Heilpädagogikstudium.

Zunächst absolvierte ich das Montessori-Erzieher-Seminar und belegte anschließend berufsbegleitend den zweijährigen Ausbildungskurs für blinde und sehbehinderte Kinder in Olten in der Schweiz. Während dieser Zeit der Ausbildung arbeitete ich bereits mit mehrfach behinderten, blinden Kindern. Nach dem Abschluss dieser Ausbildung begann ich das Studium der Heilpädagogik in Zürich, das ich 1980 abschloss.

Meine neue Arbeitsstelle war das Sonderschulheim Tanne für Taubblinde in Zürich unter bester fachspezifischer Leitung. Es war eine lehrreiche, erfüllende und ausfüllende Zeit in meinem Berufsleben, die Grenzen unseres Tuns waren immer gegenwärtig. Weiterhin arbeite ich freiberuflich in der Taubblinden-Pädagogik in Berlin.

Was haben die Kinder in mir bewirkt?

Meine erzieherische, schulische und heilpädagogische Arbeit im Sonderschulheim Tanne, sowie die Tätigkeit als Arztgehilfin in der Kinderarztpraxis der Chefärztin der Pflegerinnenschule Zürich, führten mich zu mehr Geduld, Gelassenheit, Ausdauer, Mut und Demut, auch in schier ausweglosen Situationen. Mitfühlen, Mitgehen, Bereit-Sein, Begleiten und Trost-Geben waren und sind gefragt, und dankbar konnte ich die Zeit im Geben und Nehmen erleben. Meine Wahrnehmung wurde verfeinert und ich selbst konnte in vielen Bereichen wachsen. Ich bin dankbar für diese Bereicherungen in meinem Leben.

Fragen zur Erziehung und unsere Kriterien

Die Erziehung und Förderung eines taubblinden Kindes ist für die Eltern sehr schwer, sie sind überfordert. Von Anfang an muss die Begleitung für die Früherziehung von fachspezifischen Pädagogen gewährleistet sein. Taubblinden fehlen die beiden wichtigsten Sinne, Sehen und Hören, sie können auf natürlichem Wege nicht zur Sprache kommen.. Die gesamte Entwicklung, ob emotional, motorisch und kognitiv, ist dadurch beeinträchtigt und begrenzt. Jedes unserer Kinder muss individuelle Einzel-Förderung erhalten. Gesunde Kleinkinder lernen Vieles nebenbei. Taubblinde verfügen nicht über diesen Zugang, sie sind in ihrer Situation hilflos. Aus dieser einschneidenden Situation heraus kann nur annähernd das große Defizit, die Eingeschränktheit unserer Kinder, verstanden werden. Sie weichen oft in Stereotypien aus, um sich überhaupt zu erleben.

Die Förderung hin zur Entwicklung der Kommunikation, der Nachahmung, der Motorik, das Erlernen der lebenspraktischen Fähigkeiten und die eigene Fürsorge stehen im Vordergrund der Schulung. Die große Aufgabe ist es, die Motivation unserer Kinder anzuregen und immer wieder Erlebnisse zu schaffen mit freudigen Anteilen in den Bewegungsmustern. Wir müssen die Nachahmung über die Bewegung locken, wecken und fordern, als erste Kommunikation des Kindes sehen, und es wird darauf reagieren, wenn wir ihm seine Zeit geben. Aus den angebotenen Reizen, die wir an die Kinder aussenden, und den Reaktionen, die uns das Kind zurückgibt, müssen wir unsere Schlüsse ziehen und dann in der rechten Weise reagieren. Ist dieser fundamentale Lernvorgang der Nachahmung erst einmal in Gang, ist dies der größte Einstieg, den wir haben, um mit dem Kind in Kontakt zu treten. Das Selbstbewusstsein des Kindes wird berührt, es registriert mich als Gegenüber. Machen wir uns jetzt auf den langen Weg der Differenzierung und der taktilen Kommunikation.

Ich habe gute Erfahrungen: Sobald wir dem Kind kleine Aufgaben übertragen können, wächst das Selbstwertgefühl. Sind die Aufgaben auch noch so klein, für das Kind ist es ein großer Schritt ins Leben. Oftmals unterschätzen wir die Möglichkeit der ruhenden Kräfte in unseren Kindern, die darauf warten, wie es Maria Montessori formuliert „Hilf mir, es selbst zu tun". Auf keinen Fall dürfen wir uns ausruhen, wenn Kinder im Tagesablauf so gut angepasst sind, dass vielfach gar keine Notwendigkeit zur Kommunikation oder sprachlicher Auseinandersetzung zu bestehen scheint. Die Gefahr besteht, dass der sprachliche Ansatz wieder geringer wird, regelrecht einschläft. Es gilt, die Eigenaktivität des Kindes anzuregen, die kostbare Frühphase auch den Eltern zu vermitteln und angemessene Lernziele anzustreben, es aus der Isolation zu holen, um sich für sein Gegenüber zu interessieren, sein Umfeld zu erweitern. Und in dieses Umfeld werden auch die ersten einfachen natürlichen Gebärden an das Kind herangetragen. Es wird lernen, seine kleinen Wünsche auszudrücken. Jede noch so kleine Wunschäußerung auf diesem Wege muss nachgegeben werden mit Belohnung und Körperkontakt. Wir müssen begeistert sein und unsere eigene Freude stark zeigen können. – Dies beflügelt auch das Kind.

Ebenfalls wichtig ist es, Strukturierung in den Tagesablauf einzubringen, somit werden dem Kind die Abläufe durchschaubarer. Es geschieht immer wieder zu bestimmten Zeiten Gleiches. Das Kind entwickelt dadurch eine gewisse Erwartungshaltung. Erste Signalgebung erwacht und es erinnert sich an deren Abläufe. So entstehen grundlegende, wichtige Ordnungsprinzipen und eine gewisse Ruhe breitet sich in der Familie oder im Heimleben aus.

Die Sicht der anderen und meine Sicht

Die adäquate Einschätzung unserer Kinder ist nicht einfach. Man erhält sie erst mit einer gewissen Beziehung zum Kind und über einen längeren Zeitablauf. Wenn unsere Kinder von Fremdpersonen gesehen oder beobachtet werden, bekommen wir meist große Fehleinschätzungen. Zum großen Teil werden sie unterschätzt, man traut ihnen dies und jenes nicht zu. Zum anderen überschätzt man sie, was aus Bemerkungen deutlich wird, wie z.B. „Ach, das kann er nicht, aber er ist doch schon 20 Jahre, das müsste er doch nun gelernt haben, ja, was bringt denn dann die Schulung!" Oft können wir bei Begegnungen in der Öffentlichkeit nicht viel austauschen, da Zeit und Gelegenheit unpassend für tiefere und klärende Erläuterungen sind. Doch dies würde ich den Menschen, die daran zweifeln, ob und wieweit die Schulung unserer beeinträchtigten Kinder sinnvoll ist, sagen: Jeder Mensch, ob behindert oder sonst wie geschädigt, hat ebenso das Recht auf Schulung und Ausbildung. Wir brauchen alle einander, kein Mensch kann allein leben. Wir brauchen Bezugspersonen, wir brauchen Gemeinschaft. In der Gemeinschaft leben verpflichtet aber auch zu Verantwortung für meinen Nächsten, wie uns die „Goldene Regel" aus der Bergpredigt aufträgt: „Behandelt die Menschen so, wie ihr selbst von ihnen behandelt werden wollt." In meiner heilpädagogischen Ausbildung in Zürich vermittelte unser Dozent, Dr. F. Schneeberger uns diese Gedanken: „Ein Volk, das die Schwachen, Kranken und Behinderten ausschließt, hat keine Zukunft. Eine Gesellschaft, die nicht fähig ist seine durch Behinderungen gezeichneten Mitmenschen zu tragen, ist eine kranke Gesellschaft."

Meine erste Begegnung mit Martin, 7. Juli 1987

Zarter, feingliedriger, schmächtiger, blonder Knabe, 8-jährig, 12 kg. Martin trägt eine starke Brille. Zu seinen Hörgeräten hat er keine Beziehung. Zufriedenes Kind. So stand er vor mir bei meinem ersten Hausbesuch aufrecht, jedoch nicht unbedingt fest auf dem Boden. Martin läuft breitbeinig, hat keinen festen Stand, mehr schwebend und strauchelnd bewegt er sich von einem Nahziel zum anderen. Seine ersten freien Schritte wagte Martin zwischen dem 4. und 5. Lebensjahr. Martin wurde hörsehbehindert mit einem schweren Herzleiden geboren mit zusätzlichen Gleichgewichtsstörungen aufgrund von Anomalien im Innenrohr. Bis zu meinem Kennenlernen hatte Martin schon zwei große Operationen am offenen Herzen, sowie mehrere Spitalaufenthalte hinter sich. Dieses schwere Herzleiden erforderte, dass Martin 20 Monate über eine Sonde ernährt werden musste, s. Bericht der Mutter.

Martin erkennt trotz seiner starken Sehbehinderung einige klare Bilder und gebärdet den Begriff dazu, z. B. Puppe, Bett, Blume, Ball. Im Tastbereich liegt ein großes Defizit vor. Die Mundmotorik ist schlaff. Martin muss noch überwiegend gefüttert werden, er kaut nicht, trinkt jedoch selbständig.

Abklärung, November 1987

Meine Schulung mit Martin konnte nun beginnen, zu Haus als Hauslehrerin. Ich nahm nun die momentane Standort-bestimmung vor. Taubblinde Kinder unterliegen ihrem ganz eigenen Gesetz, je nach Funktionstüchtigkeit ihrer Sinne und anderen Beeinträchtigungen. Ich schaute und beobachtete Martin, indem ich die verschiedenen Bereiche ins Auge fasste.

Antrieb und die Motivation und somit auch die Neugier ei-nes Kleinkindes sind kaum vorhanden. Martin zeigte jedoch durch die liebevolle Förderung der Eltern schon gute Ansätze. Meine ersten Eintragungen sind: Martin lässt sich auf meine Angebote ein, er zeigt Bereitschaft mitzumachen. Er strahlt eine gewisse Fröhlichkeit und Zufriedenheit aus. Er zeigt al-lerdings auch viele Stereotypien, wenn man sich nicht mit ihm beschäftigt. Stereotypien konnte ich bei all unseren Kin-dern im Schulheim in der unterschiedlichsten Weise, Form und Ausdauer sehen.

Sinnes- und Wahrnehmungsleistungen von Martin waren ganz auf seinen kleinen Sehrest am rechten Auge ausgerich-tet, und diesen setzte er relativ gut ein. Martin tastete nicht in seinem Umfeld, er erkundete die Materialbeschaffenheit nicht.

Beziehungsebene: Martin hat zu seinen Eltern eine herzlich, innige Beziehung. Auch mir schenkte er bald sein volles Ver-trauen.

Kommunikation: Hier ist die Förderung der Nachahmungs-
fähigkeit als wichtiger Bestandteil hervorzuheben, da sie sich
bei unseren Kindern nicht von sich aus aufbauen kann. Erst
über die Basisentfaltung können Gebärden, Fingeralphabet
oder Lormen (taktiles Fingeralphabet) aufgebaut werden.
Dank der intensiven Förderung der Eltern verfügte Martin
schon über gewisse Basiserfahrung.

Bewegungserziehung: Ebenso ganz zu Beginn steht im hohen
Maße die Bewegungserziehung. Dies gilt in gleichem Maße
für die Grob- und Feinmotorik, eingeschlossen Hand- und
Mundmotorik. Martin bewegte sich in den häuslichen Räu-
men mehr strauchelnd als gehend auf seine Weise durch die
Räumlichkeiten von einem Nahziel zum anderen über kurze
Distanzen allein. Ansonsten wartete er, blieb stehen, oder
sitzen und erwartete unsere Hilfe und Führung.

Die **Handmotorik** war schlaff und kraftlos, er übte kaum Druck
aus beim Zufassen von Materialien. Beim Laufen mussten wir
seine Hand zur Führung nehmen, er selbst hielt sich nicht fest.

Der **Mundmotorik** widme ich mich in dem Bereich „Von pü-
rierter Kost zu herkömmlichem Essen".

Hörerziehung beschränkte sich bei Martin auf die Vibrations-
eindrücke.

Ich bin sicher, wir werden einen gangbaren Weg für Martin
finden. Nicht das Kind an die Schule anpassen, sondern wir
müssen dem Kind entgegengehen. Wir müssen einen indivi-
duellen Weg finden und beschreiten.

Ziele:
- Mit seinen Einschränkungen so weit wie möglich selbständig werden.
- Hinführen zur Kommunikation, um Bedürfnisse anmelden zu können.
- Im geschützten Rahmen, seinen Möglichkeiten entsprechend, sich einbringen.
- Erfülltes Leben anstreben.

Schwierige Einschulung

Bei meinem Eintritt in Martins Leben war bereits das Alter der Einschulung überschritten. Die Schulaufsichtsbehörde und das Bezirksamt meldeten sich und trugen den Eltern ihre Vorstellungen vor. Darunter waren die Geistig-Behinderten-Schule, eine Körperbehinderten-Schule und die Blinden-schule für mehrfachbehinderte Kinder. Mein gesamtes Inneres wehrte sich gegen den Gedanken, Martin in einer Schule für Geistig-Behinderte zu fördern. Für die Förderung in der Gehörlosen-Schule hatte Martin einen zu geringen Sehrest, er konnte nicht vom Mund ablesen, und er trug noch Windeln, was ebenfalls ein Kriterium war. Die Blindenschule kam nicht in Frage, da die Gehörlosigkeit nicht berücksichtigt werden konnte, und daher kein Kommunikationsaufbau möglich war. Keine dieser Schulen konnte nur annähernd dem Bedürfnis von Martin nachkommen, ihre Zielsetzung war eine andere. Taubblinde Kinder benötigen eine ganzheitliche Erfassung.

Zu dieser Zeit war Berlin noch durch die Mauer geteilt. Für Westberlin war die Schulung taubblinder Kinder in Hannover. Man stelle sich nur vor, die mehrfachbehinderten, taubblinden Kinder mit ihren zusätzlichen medizinischen Problemen, wie bei Martin, sollten die Woche hindurch in Hannover geschult werden, und alle 14 Tage, oder auch wöchentlich mit dem Flugzeug transportiert werden, und dies ohne eine Bezugsperson!

Das gut geführte Oberlin-Haus in Potsdam-Babelsberg mit anerkannten Fachkräften war führend in der Taubblindenerziehung, nur ca. 20 km entfernt war die Schule der Wahl. Für die Westberliner Kinder jedoch nicht erreichbar. Welch tiefer Graben bzw. Mauer tat sich hier auf, eine traurige Wahrheit. So schlug sich die Teilung der Stadt Berlin auf diese Kinder und Eltern nieder. Die, die schon genug Leid trugen, waren nun die Leidtragenden der politischen Geschichte. Es folgten viele Telefonate, Besprechungen und Sitzungen, über 5 Monate, wo ich meinen Widerstand gegen die vorgeschlagenen Schulen in Westberlin darlegen konnte, und ganz langsam fanden wir einen Weg für Martin.

Da die Schulpflicht bestand, kam es nun 1988 zu einer Notlösung mit der Körperbehinderten-Schule. Er wurde mit der Auflage aufgenommen, dass ich Ansprechpartner für die Lehrkraft bin. Gleichzeitig wurde ich als Hauslehrerin für Martin vom Schulamt angestellt. Zusätzlich bekam Martin eine Schulhilfe. Die Regelung wurde auf zwei Schultage in der Schule festgelegt, drei Tage war ich für ihn als Hauslehrerin tätig. Martins Klassenlehrerin sagte mir bei einem meiner Besuche, dass Martin vom eigentlich Schulbetrieb nicht profitieren kann. Die Situation war zu dieser Zeit so, und wir versuchten das Beste für Martin zu erreichen, besonders in der Zusammenarbeit. So sah ich es als wertvoll an, dass Martin in dieser Schule an Therapien teilnehmen konnte, wie Physio- und Ergotherapie. Und zusätzlich hatte die Schule ein kleines Schwimmbecken mit temperiertem Wasser. Die Therapeuten gaben ihr Bestes und die Zusammenarbeit lief gut. Da ich mit Martin weiterhin drei Tage in der Woche ganz regulären Schultag von 9 bis 14 Uhr gestalten konnte, war ein gewisser Ausgleich gegeben und wir schickten uns in diese Situation.

Dann kam die große Wende für unsere Schulsituation: die Maueröffnung. Martin konnte als erstes Berlin Kind 1991 in die Taubblinden-Schule des Oberlin-Hauses in Potsdam-Babelsberg aufgenommen werden. Nun lief ich von Amtswegen nicht mehr als Hauslehrerin, sondern wurde als Sonderpädagogischen Einzelfallhilfe geführt. Wir vereinbarten drei Tage Schule und weiterhin zwei Schultage bei mir. So lief es über die ganze Schulzeit hinweg. Die Zusammenarbeit lief sehr gut, wir sprachen vom gleichen Inhalt, vom gleichen Ziel, und ergänzten einander. Mit Abschluss der Schulzeit, die bis zum 25sten Lebensjahr verlängert wurde, begann für Martin das Werkstatt-Leben, auch hier können wir die ganz individuelle Förderung für Martin beibehalten. Dies wurde vom Bezirk genehmigt, darüber sind wir sehr erfreut, zufrieden und erleichtert. Da alle Beteiligten die Bedürfnisse von Martin kannten und eine gute Zusammenarbeit pflegten, verlief Martins Schulentwicklung erfreulich erfolgreich, natürlich nur in Verbindung mit dem optimalen Einsatz der Eltern.

Zusammenarbeit

Zusammenarbeit setzt eine gute Kommunikation voraus. Sie ist auch Verpflichtung. Die Zusammenarbeit mit den Eltern und Bezugspersonen war in meiner langjährigen heilpädagogischen Tätigkeit sehr unterschiedlich. Viele Jahre arbeitete ich eingebettet im Team in einem Sonderschulheim. Die längste Zeit jedoch freiberuflich. Es zeigten sich in dem Mitgehen und der Zusammenarbeit einige wesentliche Unterschiede, ob Heimunterbringung oder freiberufliche Tätigkeit, für mich. Der Austausch und die Besprechungen mit den Therapeuten, Lehrern und Erziehern fehlte. Im freien Beruf hatte ich eher mit den Behörden Telefonate, sah aber dafür die Eltern öfter. Auch war mir die Problematik „Behindertes Kind in der Familie" viel näher gerückt. Ein Beispiel, das mich immer wieder traurig stimmte. Wenn ich die Eltern zur Hospitation einlud, sahen sie, dass ihr schwerbehindertes Kind allein die Treppen rutschend hinauf und hinunter bewältigte, sich am gegeben Ort zum Sitzen auf den Stuhl hinaufzog und hinsetzte. All dies sahen sie, es wurde auch wohlwollend lobend anerkannt, doch die Umsetzung erfolgte nicht. Das Kind wurde immer wieder getragen und nicht auf einen Stuhl gesetzt, es könnte ja herunterfallen. Solche Beispiele in ähnlicher Weise waren keine Seltenheit. Desgleichen war es mit der Kommunikation, das Einsetzen der Gebärden- und Zeichengebung für das Kind war ein Unterfangen. Aufbauende Lernerfolge sind nur zu verzeichnen, wenn es eine gute Zusammenarbeit gibt. Und so war es bei den Eltern von Martin. Optimale engagierte Förderung durch die Eltern lag vor, sodass ich Martin im Alter von 8 Jahren bei seiner großen Beeinträchtigung so antreffen konnte. Dies war für Martin ein Segen und für mich ein optimaler Einstieg, da ich wusste, wie schwer und langwierig der Prozess des ersten Aufbaus der Kommunikation ist. Schon bei meinem ersten Besuch zu Hause spürte ich die Offenheit, das Entgegenkommen und die Bereitschaft zur Zusammenarbeit. Ich sah mir Martins Zimmer an, um gedanklich seine Tagesabläufe wahrzunehmen. Da Martin einen gewissen Tagesablauf schon hatte, wollte ich ihm sofort die Wochenstruktur anbieten. Dies bot sich an, da ich ja öfter als einmal in der Woche zu ihm nach Hause kam. Der Aufbau begann, dass ich Martin durch Signalgebung wissen lassen wollte, wann ich wieder komme. Ich benötigte hierfür einen Kleiderrechen mit sieben deutlichen Holzknöpfen in der Reihe für die Wochenstruktur. Der Vater und ich bestimmten Höhe und Ort der Befestigung. Bei meinem nächsten Besuch war der Kleiderrechen angebracht. Im Bauhaus gab es keine siebener Kleiderrechen, so kaufte der Vater 2 Fünfer und passte sie zu einer siebener Reihe an. Weiter hatte ich Zugang zur Küche und zum Werkzeug, sodass ich für jede Situation Demonstrationsmaterial einsetzen konnte. Am Anfang war für mich die Wochenstruktur mit Namensgebung wichtig: Gebärde, Schrift und Fingeralphabet. Noch bevor ich das Schriftbild der einzelnen Wochentage einführte, gaben wir jeden Tag eine bestimmte Farbe Sonntag war rot, da er auch im Kalender so signalisiert ist. Diese sieben Farbgebungen ließ ich Martin immer wieder als Reihe legen. Würde Martin seinen kleinen Sehrest nicht so optimal ausrichten und ausnutzen können, hätte ich die Wochentage taktil gestaltet. Der Kalenderkauf wurde mit Martin vorgenommen.

Zur Erweiterung des Erfahrungsfeldes für Martin beantragten wir nach einem Jahr, dass Martin zu mir nach Hause kommen kann, da ich ein Lager mit reichlichem Material habe, das ich für jede Situation griffbereit einsetzen konnte. Zusätzlich haben wir einen Garten mit tragenden Obstbäumen, sodass das Arbeitsfeld für Martin reichhaltiger wurde, neue Interessengebiete erschlossen werden konnten, sowie eine begreifbare Begriffsbildung geboten werden konnte. So kam Martin nun in unser Haus. Das Haus der Lehrerin Christa wurde erfahren und erlebt, vom Keller bis zum Dachboden, und wenn der Schornsteinfeger kam, auch bis zum Dach! Von Anfang an bestand ich darauf, dass das Gespräch mit den Eltern, der Austausch unbedingt jede Woche stattfinden sollte. So legten wir einen Tag fest, an dem der Vater oder die Mutter Martin abholten und wir genügend Zeit hatten zum Austausch. Nicht nur Austausch, sondern neue Begriffe, Gebärden, Schriftbilder gingen somit sofort in die Familie hinein, die dort ebenfalls aufgelistet wurden. Die Zeit war fruchtbar und Martin zollte sie uns durch Lerneifer zurück. Das, was mich an Martin von Anfang an begeisterte, war seine Bereitschaft, sich führen und sich auf meine Angebote einzulassen, sie mit den Jahren sogar zu fordern. Er war geduldig und konnte mit der Zeit auch kleine Zeitspannen überbrücken, dies jedoch erst mit den Jahren. Am Anfang meiner Tätigkeit überwogen in Leerzeiten die Stereotypien, die auch noch in dem Mit-ihm-Sein abliefen, die Leere überwog doch sehr. Das Sich-selbst-nicht-beschäftigen-Können, die Isolation, hielt ihn noch gefangen. Die Kommunikation wurde von ihm aus noch nicht aktiv. Ein langer Weg lag vor uns, den wir gemeinsam voranschritten.

Martin war bisher von seinen Eltern mit Gebärden unterwiesen worden. Er besaß bereits einen einfachen Gebärdenschatz. Ebenso hatte Martin in gewohnter Situation einige

Gegenstände als Signal für bevorstehende Handlungen für sich erkannt. Er konnte diese Gegenstände dem Bild zuordnen, z. B. Puppe, Ball, Auto. Er verstand Aufforderungen zu Aktivitäten, die den Tagesablauf betrafen, wie Essen, Zähneputzen, Toilettengang. Dies waren wichtige und deutliche Voraussetzungen zum Kommunikationsaufbau für mich, sodass ich gut darauf aufbauen konnte. Gebärden sind wie gesprochene Sprache. Nur durch die ständige Wiederholung der Gebärden in den jeweiligen gleichbleibenden oder ähnlichen und neuen Situationen kann die Gebärdensprache verstanden, gelernt und eingeprägt werden. Das erste Ziel der Gebärdensprache ist die Befähigung zur Kommunikation mit seiner Umwelt. Der Mensch will sich mitteilen können, er will verstanden werden. Die Gebärden müssen genügend kommunikativen Inhalt haben, besonders bei den ersten eingesetzten Gebärden. Je umfangreicher der Inhalt ist, desto eher wird gelernt, z.B. Milch trinken, Schokolade essen. Die Gebärden müssen in der normalen Alltagssituation angewendet werden. Eine Übungsstunde bringt nicht den entscheidenden Erfolg.

Beziehungsaufbau

Als ich Martin mit acht Jahren kennen lernte, hatte er bereits eine herzlich liebevolle Beziehung zu seinen Eltern. So hatte ich keine Bedenken, Martin wird mich bald als weitere Bezugsperson annehmen. Er ist in Geborgenheit mit steter Fürsorge aufgewachsen und er hatte viele medizinische Probleme in seinem jungen Leben bewältigen müssen, doch immer waren seine Eltern bei ihm, begleiteten ihn Tag und Nacht, auch in den Krankenhäusern, ließen ihn körperlich spüren, dass sie da sind. Dies ist die Grundvoraussetzung für dauerhafte Beziehungen. So konnte ich auf diesem Fundament aufbauen und Martin schenkte mir Aufmerksamkeit, er war bereit, Lernstoff aufzunehmen und Aufgabenstellungen zu befolgen. Er ließ sich ein, mit mir zu arbeiten. Wenn diese fundamentale Basis nicht vorhanden ist, kämpft man auf steinigen Pfaden und die Zielsetzung ist die von Tag zu Tag. Ohne Für und Wider hat er sich mir anvertraut. Er gab mir einen sogenannten Vertrauensvorschuss. Von Anfang an ließ ich eine Tür offen für eigenes Tun und eigene Entscheidungen, die bei Martin aber kaum genutzt wurde. Dieses Problem werde ich in einem anderen Kapitel beschreiben, da dies ein zentrales Anliegen von mir und meinen mir anvertrauten Kindern ist.

Zu Martins wertvollen Gaben zählt: Er gibt zurück, was er bekommt. Seit über zwanzig Jahren kommt er jeden Schultag, den er bei mir verbringt, freudig und erwartungsvoll. Dies stimuliert und erfreut mich, und ich zeige es ihm deutlich. Er kennt unser Haus vom Keller bis zum Dachboden, es ist ihm vertraut. Er kennt die Abläufe der Arbeitsschritte. Er kennt auch das ganz nahe Umfeld um unser Haus, wie Garten, unseren Zugangsweg von der Straße zu unserem Haus, und er hat Bezug zu einzelnen Nachbarn. Immer wieder bringe ich Schritt für Schritt neue Materialien ein, ähnliche und neue Arbeitsabläufe, die er erwartungsvoll und beflissen angeht. Er ist offen für neue Arbeitsschritte. Er lässt es an sich herankommen, im großen Vertrauen gegenüber seiner Bezugsperson. Martin hat keine Vorerfahrungen von bösen Menschen, alle meinen es gut mit ihm. Sein Personenkreis ist eingeschränkt, da er ja nicht allein seine Welt erkunden kann. Er weiß, dass die Ärzte ihm helfen wollen, obwohl ihm bei ihnen nicht immer wohl sein kann. Bei allen Schläuchen, die ihn bei den Untersuchungen oder Behandlungen umgeben, findet er die Dinge, Apparate und lichtblinkende Lampen, noch interessant. Mama oder Papa sind bei ihm, er ist sich ihrer Liebe ganz sicher, sie lebt in ihm.

Mein Weg mit Martin
und die anderen Wege

Ich bin mir bewusst, dass bei jedem einzelnen Kind nicht nur ein individueller Förderplan erstellt werden muss, sondern auch ein ganz eigenes Vorgehen der Handhabung für den Kommunikationsaufbau.

Bei Martin ist es den Eltern gelungen, den minimalen Sehrest durch intensives Tätigwerden mit lockendem, motivationsfördernden Vorgehen zu wecken. Er schenkte ihnen noch vor Beendigung seines ersten Lebensjahres für einen Augenblick seine Aufmerksamkeit aus seinem in-sich-gekehrten Dasein. Er reagierte auf ihre Liebe und ihr Tun antlitzgerichtet. Diese freudige Ergriffenheit verhalf den Eltern und setzte neue Kräfte frei, immer wieder einzutauchen in diese Sphären. Es entwickelte sich ein Hin-und-Her. Die Eltern führten die Sehschulung intensiv weiter und Martin reagierte mehr und mehr. Dieser kleine, aber gut verwertbare Sehrest an einem Äuglein ließ es zu, dass wir die von Anfang an taktilen Gebärden zur Kommunikation ausschleichen konnten und die allgemeinen Gebärden in seinem ganz nahen Blickfeld anboten. Die Kommunikation kam nun in Gang. Als nun ein kleiner Stock elementarer Gebärden gesetzt war, führte ich bei Martin alphabetisierte Gebärden ein, um dann aufbauend ins Fingeralphabet und zusätzlich ins Schriftbild mit Druckbuchstaben überzugehen. Im Alltag kommunizieren die Eltern überwiegend mit Gebärden und mit einigen Schriftbildern.

Bei schwer körper-hör-seh-behinderten Kindern müssen die

Gebärden ganz individuell angepasst werden. Hier wird vorwiegend über Berührungen kommuniziert. Die Berührungspunkte am Körper, die wir für die Kommunikation/Begriffe einsetzen, müssen aufgelistet und beschrieben werden, um den Austausch zwischen Lehrern, Erziehern und Eltern zu gewährleisten. Ich hatte in meiner langjährigen Tätigkeit aber auch Kinder, mit denen wir nicht über 10 Gebärden hinaus kamen. Bei einigen Kindern konnten die taktilen Gebärden nur mit unserer Führung an das Kind gegeben werden. Spontan kam vom Kind aus keine oder nur schwache Reaktion, jedoch auch die wenigen Gebärden vollbrachten Großes, standen für sich und brachten das Kind zu mehr Wachheit und Ruhe. Es gab immer wieder zusätzliche Berührungspunkte, unsere Beziehung wurde tiefer, und dies war gegenseitig. Für mich war diese Punktsetzung und die zarten Reaktionen, die vom Kind kamen, jedes Mal spannend, jeden Tag neu. Zwischen dem Noch-nicht-Reagieren-Können und der eindeutigen Reaktion vom Kind in den verschiedenen Situationen des Alltags, liegt ein großes nebulöses Feld, das von uns nur erspürt werden kann. Wir sind diejenigen, die es wahrnehmen müssen. Ihre Zeichen sind noch nicht klar und eindeutig, jedoch, die Kinder sind auf dem Weg zu uns. Es ist die Resonanz, die Empathie, das Schwingen hin und her. Wir als Sehende können durch den Gesichtsausdruck, die Mimik und Haltung, zusätzlich Informationen empfangen und geben. Doch mit unseren Kindern befinden wir uns auf anderen Ebenen. Dies ist mit dem eingeschränkten Wahrnehmungsfeld der Sinne ein viel längerer und steiniger Weg.

Kommunikation über die Berührung, über die Bewegungsberührung, ist unser Vorgehen. Bewegungsreize der taktilen

Gebärden sind unsere Bedeutungsträger. Die Intensität, mit der ich eine taktile Gebärde weitergebe, ist von großer Bedeutung, besonders bei Geburtstaubblinden. Es ist unsere primäre Zielsetzung, das Verständnis für die Kommunikation über die Bewegung taktiler Gebärden zu entwickeln. Es ist am Anfang erst einmal wichtig, dass das Kind für die Bedeutungen der taktilen Gebärden sensibel wird. Von großer Bedeutung sind die taktilen Bewegungsgebärden für die Sensibilisierung der Wahrnehmung. Gefühle, Bedürfnisse und Wünsche werden geweckt. Auch ich muss so offen, so empfänglich sein, die kleinsten Übermittlungen wahrzunehmen, um zu verstehen, weil dann genauer übermittelt werden kann, sodass es zu einer Eindeutigkeit kommt.

Manuelle Führung

Zweck: Inaktive Kinder zu Erfahrungen bringen. Kindern, die bewegungs-eingeschränkt sind oder Wahrnehmungsprobleme haben und die Bewegungen selbst nicht ausführen können, müssen wir Hilfestellung durch manuelle Führung geben, ihren Bewegungen die rechte Weisung geben, bevor sich falsche Gewohnheiten festigen. Wir geben dadurch Hilfe in der Raumerfahrung, hin in die Aktivität zur Selbsthilfe. Die Führung gleich zu Beginn des Lernprozesses hat ein schnelleres Lernen zur Folge.

Begleiten wir in diesem Sinne unsere Kinder intensiv, dass wir jeden noch so kleinen Hinweis erhaschen! Auch wenn es scheinbar Stereotypien sind, es ist auf jeden Fall erlebte Aktivität.

Wir müssen nach Wegen suchen, wie wir ihre Aktivität in Bahnen lenken können, die dem Kind Erfüllung und neue Entwicklungschancen bieten. Achten wir auch auf die entspannten Situationen und Momente, die oft auch außerhalb unserer Schulzeit ablaufen, im Erzieher- und Elternbereich, z. B. im Badebereich oder beim Ritual des Zu-Bett-Gehens. Helfen wir ihnen die Leere, die Stille, die Abgeschiedenheit und das lange Warten auf „Etwas" zu verkürzen. Dies sollte unser Anliegen sein.

Begriffsbildung

Zu Beginn meiner Tätigkeit mit Martin wiesen mich die Eltern an, da anzusetzen, wo die vorhergehenden Hilfen mit ihm arbeiteten. Ich erbat mir eine Einheit mit dem Vorgänger sehen zu dürfen. Danach sprach ich mit den Eltern und erklärte ihnen, ich werde ihren Sohn dort abholen, wo er entwicklungsmäßig steht. Zuerst muss ich Martin kennen lernen und Beziehung aufbauen, ich werde in wenigen Wochen erneut mit ihnen sprechen. Die Eltern waren damit einverstanden. Da ich zunächst bei ihnen zu Hause arbeitete, konnten Termine schnell gefunden werden. Bevor ich jedoch mit meiner Tätigkeit begann, sprach mich der Vater an und gab mir die Mitteilung so ganz nebenbei. Martin hat nur eine Gebärde für Bett und Schlafen. Ich müsse hierfür keine Zeit aufwenden. Die Lehrer vorher und sie als Eltern haben monatelang versucht, doch Martin versteht es nicht, danach haben sie sich damit abgefunden.

Für mich war es nichts nebenbei. Es war für mich der gefundene Einsteig. Voller Erwartung der neuen Herausforderung stieg ich mit Martin in das Lehr- und Lernprogramm ein. Dabei entdeckte ich gleich zu Beginn meiner Tätigkeit gravierende Mängel im taktilen Wahrnehmungsbereich (Tasten, Fühlen). Dazu berichte ich in einem Extrakapitel. Nun zurück zu Martins Doppelbegriff. Martin besaß eine Puppe, mit der die Mutter ihm seine Krankenhausaufenthalte verständlicher erleben ließ. Das, was an Martin gehandhabt wurde, vollzog die Mutter mit der Puppe, oder sie bereitete mit der Puppe die Handlungen, z.B. Blutentnahmen und Infusionen, vor.

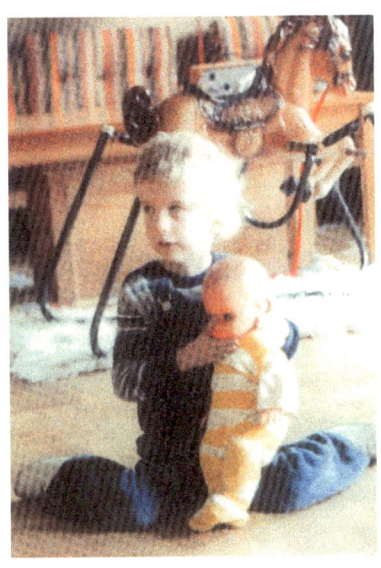
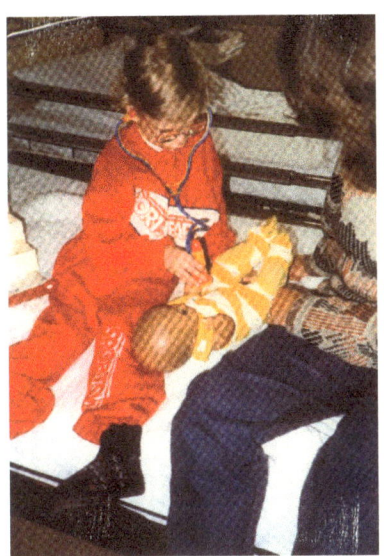

Diese Puppe kannte Martin, und ich setzte sie nun auch ein, um Martin diese Begriffe klar darzustellen: aus – ein – ander – zu – halten. Wir setzten uns erst mit dem Gegenstand Bett auseinander. Ich zeichnete es einfach und klar auf und schrieb BETT darunter und zeigte ihm die Bettgebärde. Auch an seinem Bett brachten wir das Schriftbild BETT an, obwohl er es in keiner Weise lesen oder schreiben konnte, doch spellte* ich ihm das Schriftbild BETT mit dem Fingeralphabet. Von Martin erwartete ich für den Anfang nur den Anfangsbuchstaben B und die Gebärde Bett dazu (alphabetisierte Gebärde). Die Bett-Gebärde war am klarsten zu verstehen, wenn man sie am oder besser im Bett selbst demonstrierte. So legte ich

mich in sein Bett, nahm die Bettdecke und zog sie an mich heran. Im Bett liegend vollzog ich diese Gebärde einige Male. Danach legte ich Martin ins Bett und vollzog die Gebärde mit ihm, und forderte ihn auf, dies selbst zu tun. Diesen Ablauf befolgte er nur zögernd. Danach spielten wir mit der Puppe die gleiche Handlung durch. Diese Einweisung erfolgte in seinem Zimmer. Dann ging ich mit ihm zu unserem Arbeitstisch, schauten auf dem Arbeitsblatt die Zeichnung vom Bett an. Nun gab ich Martin den Auftrag, lauf zum Bett. Da Martin stehen blieb, hat er entweder den Auftrag nicht verstanden oder er war es nicht gewohnt, selbst einen Auftrag auszuführen, was ich vermutete. So gebärdete ich: Martin und Christa laufen zum Bett. Wir klopften auf das Bett und tasteten uns dem Bett entlang und gebärdeten immer wieder BETT. Danach gab ich Martin den Auftrag, er soll die Puppe auf das Bett legen. Diesen Schritt vollzog Martin selbst. In dieser Lektion verwendete ich nie die Gebärde SCHLAFEN. Die Trennung des Doppelbegriffes war mir wichtig! Die nächste Einheit war nochmals ein Festigen, erst danach begann ich die Schlafgebärde isoliert anzugehen, ebenfalls mit dem Schriftbild und dem Fingeralphabet. Nach drei weiteren Übungseinheiten mit Aufgabenstellungen, die Martin ausführen sollte, z.B. Puppe liegt im Bett, Martin sitzt auf dem Bett, Martin schläft im Bett.

Begriffe sind nicht nur Worte, Worte sind Aufhängepunkte für Begriffe, sie dienen als Gedächtnisstütze für die Bildung eines Begriffes und sind gleichzeitig Mittel zur Verständigung. Der Begriff wird gegeben durch die gesamten gedanklichen Merkmale, die hinsichtlich dessen erlebt wurden.

Nun war Martin so sicher, dass er es den Eltern vortragen konnte, und er war voll dabei. Er spürte und erlebte sich als

Könner, seine Gestalt strahlte es aus und die Eltern herzten und lobten ihn. Welch ein Durchbruch. Es öffnete sich eine neue –Tür des Verstehens. So wuchs Martin in die Kommunikation langsam aber stetig hinein. Nun besprach ich mit den Eltern die weiteren Schritte und Zielsetzung. Da Martin schon einen kleinen Gebärdenschatz hatte, als ich mit ihm zu arbeiten begann, und er auch gewillt war, neue Gebärden anzunehmen und nachzuahmen, sprach ich ihn von Anfang an in Zwei- und Dreiwortsätzen an. Auch führte ich ihn gleichzeitig langsam ins Fingeralphabet ein.

Aufbau/Essen –
Von pürierter Kost zum
herkömmlichen Essen

In den Heimen für Behinderte, in denen ich gearbeitet oder die ich besucht hatte, und in meiner freiberuflichen Tätigkeit als Heilpädagogin begegnete ich immer wieder Kindern mit unterentwickelter Mundmotorik. Diese war meist nicht genügend trainiert, zum einen aus medizinischer Problematik heraus, zum anderen fehlte die Nachahmung.

Bei Martin war es der zusätzliche gravierende Herzschaden, der ihn bis 1 ½jährig an der Sonde fest hielt. Jegliche Stimulierung im Mundbereich schlug fehl. Es ging in dieser Zeit wirklich nur um das Überleben!

Mund und Mundraum ist ein System hoher Ordnung.

Nach der Geburt ist die Zunge ein wichtiges Organ für die Lebensfunktion der Atmung und Ernährung. Diese Aufgabe kann sie aber nur dann erfüllen, wenn sie feste Bezugspunkte in der Mundhöhle hat. Die Orientierung der Zunge in der Mundhöhle verbessert und stabilisiert den Mund- und Wangenbereich und es kommt zur Nachreifung durch die sensorische Stimulierung, wie das Saugen und Schlucken. Diese früh kindlichen Aktionen fielen bei Martin weg. Da die Zunge inaktiv blieb, fiel auch die flächenhafte Wirkung auf das Gaumengewölbe weg. Die weiteren Folgen sind Störungen des Abbeiß- und Kauvermögens, auch die Atmung wird beeinträchtigt.

Mundmotorische Übungen gehören primär mit ins Schulprogramm und diese Übungen müssen jeden Tag erfolgen. Da
ich Martin jedoch nicht jeden Tag betreute, war es mir ein
großes Anliegen, die Übungen an die Eltern weiterzugeben,
die kooperativ mitmachten. Es war ein langer Weg,den wir
gemeinsam gingen.

November 1987

Ich begann mit Lockerungsübungen für die Zunge-Lippen-
und Kieferbeweglichkeit. Martin lag vor mir auf dem Keilkis-
sen, ich kniend vor ihm. Da Martin noch klein und zart war
(110 cm, 15 kg), war diese Möglichkeit, mit ihm zu arbeiten,
für ihn und mich entlastend und gut. Er lag entspannt vor mir
und wir hatten Blickkontakt zueinander, wenn auch nur den
kleinen Sehrest-Blickkontakt. Sehr bald erweiterte ich diese
Übung mit vertiefter Atmung für Blas-und Saugeinheiten.
Schon nach einem Monat beginnt Martin zu realisieren, und
es gelingt ihm, den ersten kleinen Schluck aus einem Röhrchenbecher saugend zu trinken. Zwei Wochen später kann
ich das feste Röhrchen schon etwas verlängern und er nimmt
ein Drittel des Becherinhalts zu sich. Er kommt dabei mit der
Atmung noch etwas durcheinander und bläst und sprudelt in
den Becher statt zu trinken. Dieser schöne Nebeneffekt bringt
Martin jedoch auch im Blasen weiter und ich bringe lustige,
effektvolle Blasespiele auf dem Tisch ein. Meine Dezember-
Notiz: „Martin macht willig und geduldig mit und leert zur
Hälfte den Röhrchenbecher mit verlängertem Ansatz hintereinander und schluckt ohne abzusetzen!" Nun war es soweit,
dass wir den Eltern zu Weihnachten das Gelernte vorführen
und schenken konnten. Im Sommer des folgenden Jahres,

1988, konnte Martin an seiner Geburtstagsfeier bereits wie alle anderen Kinder mit einem kräftigen Halm aus einem Glas trinken. Dies gab Martin und seiner Mutter neuen Auftrieb. Auch hier blieben wir nicht stehen und der Halm zum Trinken wurde länger und gewunden, um verstärkten Mundschluss zu erzielen.

Weiter geht es. Da die Zungenbeweglichkeit noch sehr im Argen liegt, lasse ich Martin verschiedene Schleckmöglichkeiten genießen, die ich ihm anbietend vormache. Beim Zähneputzen/Mundhygiene wird kräftiges Spülen und Ausspucken bewusst gemacht. Wenn man etwa glaubt, dass diese Fähigkeiten im Nu zu schaffen sind, so irrt man. Es ist ein tägliches Unterfangen von Abläufen, die für sich stehen.

Als ich Martin mit acht Jahren kennen lernte, aß er pürierte Kost, die er gegen seinen hohen Gaumen drückte und bei erneutem Nachschub hinunterschluckte. Dies alles lief ohne Kaubewegung, rein mechanisch ab. Er musste gefüttert werden. Nun lag es an mir, ihn weiterzubringen. Sobald ich Martin in unserem Haus schulen konnte, begann ich in diesem Bereich, mit ihm sein Essen zuzubereiten. Bis dahin bekam er Fertignahrung (Babykost) aus dem Gläschen. Dies veränderte ich von Anfang an, denn wie sollte Martin zur Erkenntnis kommen, was er isst! Ich holte mit Martin z.B. zwei Möhren und zwei Kartoffeln, legte sie auf ein Zeichenblatt. Mit meiner Führung malten wir durch Umfahren mit dem Stift den Umriss der Möhre und Kartoffel ab. Danach verglich ich mit ihm, welcher Farbstift dazu passte und wir malten sie an. Nun ließ ich Martin mit der Möhre und der Kartoffel hantieren, diese auf die Zeichnung zu legen, bis er aufmerksam wurde und diese immer richtig auflegte. Darunter schrieb ich MÖHRE und KARTOFFEL, mit der entsprechenden Farbe. Er schaute mir beim Schälen zu. Zu Beginn zeigte ich ihm den Hergang. Ich ließ Martin die Härte der Nahrungsmittel spüren, und vermittelte ihm die Gebärde „hart". Dann zerkleinerten wir mit meiner Führung zusammen das Gemüse. Martin füllte diese zerschnittenen Anteile in einen kleinen Topf. Wir füllten etwas Wasser und Gewürz hinzu. Ich gab ihm die Gebärde „Kochen". Er erlebte: Aus Hart wurde Weich, und Kartoffel schmeckt andres als Möhre. Wir zerdrückten Kartoffel und Möhre und fügten etwas Butter und Kräuter hinzu und ich gab ihm die Gebärde „Butter".

Nun verhalf ich Martin, seinen Mundschluss und die Kaubewegungen zu erspüren, indem ich ihm manuelle Hilfestellung gab, und auf die aufrechte Körper- und Kopfhaltung achtete. Ich stand hinter Martin. Meine linke Hand legte ich an sein Kinn, um die Kieferbewegung zart einzuführen. Zusätzlich kontrollierten meine Finger seinen Mund, diese verhalfen ihm zum Mundschluss. Mit der rechten Hand führte ich Martins Hand zum Mund und führte so das Schöpfen der Speise auf dem Löffel ein.

Außerhalb der Essenszeiten übte ich mit Martin die eigentlichen bewussten Kaubewegungen mit verschiedenen Nahrungsmitteln, z. B. mit Trockenobst, Brotrindenstreifen, die ich ihm zwischen die Backenzähne legte. Bei all diesem Vorgehen muss man zuerst eine gute Beziehung haben, zum anderen muss alles auch immer freudige Anteile enthalten, sodass sich das Kind nicht übergangen fühlt. Da Martin bis dahin wenig zu sich nahm und allein nicht so recht aktiv werden wollte, war das Augenmerk noch mehr auf die freud-vollen Momente zu legen. Und Martin stieg auch in diesem Bereich mehr und mehr ein. Er tauchte ein ins Kulinarische und wurde zum Feinschmecker, der heute auch seine Nah-rung auswählen kann. Er ist für Neues aufgeschlossen, im Trinken und Essen. Doch immer wieder müssen wir Korrektu-ren einbringen in Richtung Sauberkeit. Beim Kauen von Obst und Salaten entweicht oft die angestaute Flüssigkeit aus dem Mund.

Doch es kam der Tag: Nach Jahren konnten die Eltern mit Martin erstmals eine Pizzeria aufsuchen. Welch ein Geschenk und welche Freude für die Eltern! Eine weitere hohe Leis-tung erbrachte Martin, indem er das Gurgeln durch Erspüren an meinem Hals und Kinn erlernte, und das nach 20 Jahren meines Um-ihn-Seins. Dieses Geschenk brachten Martin und ich den Eltern Weihnachten 2007 dar. Am 1. Weihnachtstag liefen Martin und ich in das Badezimmer der Eltern und luden sie ein uns zu folgen. Hier demonstrierte Martin „sein ganz persönliches Geschenk". Die Eltern waren sichtlich gerührt und erfreut und lobten ihn sehr.

Aufbauend bringe ich einen weiteren Aspekt beim Essen ein, idem ich Martin frage: „Was isst du?". Zum Beispiel bei der Zwischenmahlzeit bekommt Martin verschiedenes Obst, was ich ihm zerschnitten in einer Schale anbiete. Mit der Gabel nimmt er Stück für Stück auf und ich frage nach der Obst-sorte. Ich möchte dadurch wissen, wieweit und ob Martin die verschiedenen Obstsorten nur über den Geschmack zu-ordnen kann. Ich variiere mit den Obstsorten. Vor Kurzem mischte ich einige Ananasstücke unter sein Obst. Obwohl

Ananas eher selten auf unserem Speiseplan steht, gebärdete und spellte* mir Martin auf meine Frage nach der Obstsorte: „Ananas süß!" Dies freut mich sehr und beflügelt mich immer wieder neu.

Möhren-Schälen

Ei-Pellen

Wetterkarte

Sobald Martin bei mir zu Hause geschult werden konnte, nahm ich die Umwelterfahrungen und Naturereignisse mit in das Schulprogramm als festen Bestandteil auf. Martin war damals 8 ½ Jahre. Wir legten uns eine Wetterkarte an, indem wir von einem DIN A3-Kalender dessen feste Papprückseite benutzten. Wir ritzten im ersten oberen Drittel zwei Einschnitte im Abstand von 2 cm ein bis etwa 2 cm vor dem Rand, sodass wir einen Einsteckschlitz hatten für unsere Sonne, die hellen Wolken und die dunklen Regenwolken. Die Vorderseite war die Schönwetterseite, die Rückseite war die Regenseite. Die gesamte Wetterkarte mit all dem Zubehör stellte ich mit Martin her. Sie wurde in der Nähe seines großen Wochen- bzw. Monatsblattkalenders aufgehängt. Wir mussten sie immer schnell griffbereit haben für die täglichen Wetterveränderungen, die wir dann auf unserer Wetterkarte sofort neu einstellten. Durch den Schlitz konnten die Wolken wandern, sodass wir sie auch vor die Sonne schieben konnten, so wie wir es gerade in der Natur vor Ort erlebten. Zu dieser Zeit begann Martin auch den von mir vorgeschriebenen Wochentag nachzuschreiben. Nachdem er diese Leistung vollbracht hatte, den Tag auf dem Arbeitsblatt festzuhalten, begannen wir mit der Wetteraufzeichnung. Wir beide gingen vor unser Haus oder in den Garten und ließen das Wetter auf uns wirken. Nach einer Weile fühlten wir Kälte oder Wärme, es war sonnig oder trüb, windig oder es regnete. Das Wetter hatte viele Facetten. Mit Martin ging es mir erst einmal um das Wahrnehmen der äußeren Einflüsse, um das Bewusstwerden, was auf ihn einwirkt, um darüber

kommunizieren zu können, es bildlich und schriftlich festzuhalten. Nach unseren gemeinsam gemachten Erfahrungen fragte ich ihn, was für Wetter wir heute haben. Dann
stellten wir auf unserer Wetterkarte das jeweilige Wetter dar
und schrieben auf das Arbeitsblatt diejenigen Begriffe, die
Martin schon bekannt
waren. All dies war
nicht plötzlich abruf-
bar, auch heute noch
schreibt Martin das
Wetter des Tages auf
und wird immer diffe-
renzierter. Er weiß jetzt
auch, wenn die Sonne
scheint, kann es trotz-
dem kalt sein. Er unter-

scheidet zwischen viel und wenig Wind, zwischen wenig
kalt und sehr kalt. Er liebt extreme Naturereignisse, Regengüsse, Gewitter mit Donner und Blitz. Er steht dann am Fenster und erfreut sich des Geschehens. Diese beeindruckenden
Erlebnisse gebärdet er mir dann immer und immer wieder.
Besonders dann, wenn sie bildlich festgehalten werden,
über das Wochenende oder in den Ferien, entweder durch
Zeichnung oder fotographisch, die der Vater in großartiger
Weise in einem der Vierjahreszeiten-Ordner festhält. Diese
vier Ordner, je nach Jahreszeit und Aktualität, befinden sich
zum Austausch unserer Kommunikation in Martins Schultasche. Martin erzählt mir mit Begeisterung und verschmitz-
tem Lächeln von den Geschehnissen. Die Begriffsbildung
hat sich mit dieser Thematik erweitert, z. B. schönes Wetter
heute. Der Begriff „schön" kann ebenso für die Kleidung und

für das, was wir als schön empfinden, benutzt werden. Dies müssen unsere Kinder erst einmal für sich ordnen können, kein einfaches Unterfangen.

Jahre sind seither vergangen, ich muss Martin nicht mehr an die Wetteraufzeichnungen erinnern, doch wir bauen es immer weiter aus, z.B. „schöner Herbsttag heute", „heute Frühlingsanfang, wenig kalt".

Materialbeschaffenheit

Zu Beginn meiner Tätigkeit musste ich feststellen, dass Martin seine noch kleine Welt, sein nahes Umfeld, nicht tastend erkundete. Diesen Mangel an Tasterfahrung sprach ich mit der Mutter in den nächsten Stunden an, und sie gab mir zu verstehen, Martin in diesem Bereich nicht speziell gefördert zu haben, da sie Angst hatte, er würde seinen kleinen Sehrest dadurch vernachlässigen. Diese Einstellung war mir nicht fremd. Ich wurde damit immer wieder in meiner heilpädagogischen Tätigkeit konfrontiert.  Nach erklärendem Gespräch mit der Mutter, dass sich diese beiden Sinne, das Gespür, der taktile Eindruck über die Haut, und das Auge ergänzen, und Martin dadurch zu mehr Erfahrung kommt. Dies konnte die Mutter nach der ersten Skepsis nachvollziehen, eine zusätzlichen Bestätigung, dass ich in meiner langjährigen Tätigkeit kein Kind erlebt habe, dass seinen noch so kleinen Sehrest aufgibt, nachdem es ihn ersteinmal entdeckt hat. Das Gegenteil konnte die Mutter sehr bald erleben: Martin wollte nun sehen, was er fühlt. Er setzte seinen kleinen Sehrest am rechten Auge für seine Erkundigungen weiterhin gut ein. In diesem Bereich wurde Martin von seinen Eltern schon sehr früh mit wohltuenden bunten Lichtquellen besonders gefördert. Leuchtquellen jeder Art und Lampen ist das größte Geschenk für Martin. Diese untersucht und handhabt er in tiefem In-sich-gekehrt-Sein mit Interesse und Ausdauer.

Für mich war nun wichtig, dass er im taktilen Bereich intensiv Erfahrungen machen konnte, um sie mit den visuellen Eindrücken in Verbindung zu bringen, um zu größeren und tieferen Erfahrungen zu kommen. Ich bezog seinen Körper mit ein. Die Erkenntnis über seinen Körper wuchs, wurde vertieft, und der Wortschatz und die Begriffsbildung wurden dadurch auch erweitert. Ich bot ihm Kriech- und Laufparcours über großflächige Materialqualitäten an. Ich badete ihn förmlich mit Materialerfahrungen, dabei war mir nichts zu aufwendig. Schaum, Creme und Farben gehörten auch dazu, sowie Pinsel, Schwamm und verschiedene Bürsten. Bei vielen Materialangeboten musste ich mich vorsichtig vortasten, da er sich nur zögernd darauf einließ. Hier setzte ich zusätzlich interessante Lichtquellen oder kleine Phänomene mit ein, natürlich achtete ich besonders zu Beginn meiner Tätigkeit darauf, Martin Materialien anzubieten, die für ihn angenehm waren. Auf alle Fälle ist immer darauf zu achten, dass genügend Anteile der Freude dabei sind. Ich führte seine Hände über die Materialien, da er sich sehr inaktiv verhielt, sein Eigenantrieb für Erkundigungen war noch nicht entfacht. Im Laufe der Zeit verlangte ich Zuordnungsleistungen. Hier sah ich, wieweit er zu Unterscheidung kam, wieweit er es schon untereinander verglich und verknüpfen konnte, zuerst natürlich Material mit großen Unterscheidungsmerkmalen. Das, was die Hände ertasteten, sollte auch beim Tastparcours über die Füße erkannt und zugeordnet werden können. Das Paaren von unterschiedlichsten Materialien war ein sehr aktiver Anteil in dieser Zeit. Auch setzte ich Abstufungen der Materialien ein, von fein zu grob, von glatt zu rau. Ja, Martin lernte Bohnen, Kirschkerne aus dem Sand zu suchen, obwohl er Sand nur ungern berührte.

Wir gestalteten Taktilarbeitsblätter aus unserem Schulalltag, das, was wir gerade im Schulalltag arbeiteten aus den unterschiedlichsten Materialien, wie Stoff, Leder Plastik, Sandpapier, Schnüre, Wolle und Allerlei, was in einem Bastelhaushalt so vorrätig ist. Wir verwendeten auch blindenspezifische Folien, in die wir Muster und geometrische Formen oder Alltagsgegenstände mit einem stumpfen Stift eingruben. Diese Linien heben sich auf der Rückseite der Folie gut tastbar hervor. Zusätzlich legten wir über einen längeren Zeitraum einen Materialordner an. Hier wollte ich Martin einen noch tieferen Einblick in die Materialbeschaffenheit geben: Stoff ist nicht gleich Stoff, es gibt so viele verschiedene, tastbare Qualitätsunterschiede, wie dick, glatt, gerippt, glänzend, matt, einfarbig, gemustert, durchsichtig, weich und fest. Es ist wichtig für unsere Kinder, bei dieser Palette der uns umgebenden Materialmerkmale das Kind miteinzubeziehen, sei es bei der Reparatur eines Loches in seiner Hose, oder das Einziehen eines neuen Gummibandes in seine Unterhose. Das Leben wird immer durchschaubarer und meine Aufträge an ihn immer differenzierter. Neugierig-Machen, Forschen, Suchen, um dann selbst herauszufinden und kombinieren zu können, ist das Ziel. Auch wenn wir nur ein kleines Fenster öffnen können, ist dies schon viel für unsere Kinder. Deshalb legten wir diesen Ordner an, an dem er sich immer wieder orientieren kann. Von jedem dieser Materialien hefteten wir dann ein Teilstück ab und beschrifteten sie. Ich suchte mit Martin die neuen Gebärden im Gebärdenbuch. Er interessiert sich sehr dafür, und dies ist ein wichtiger Schritt des Lernens. Jede neue Gebärde wird auch immer an die Eltern weitergegeben. Durch den Tag hindurch frage ich mal diese oder jene neue Gebärde ab. Nach dem Essen eines Joghurts nehme ich

den leeren Becher und frage: „Wohin?" Martin weiß, wo die
Plastikbehälter und Verpackungen versorgt werden, wo wir
Altpapier sammeln, wo Müll und die Gartenabfälle hingehö-
ren. Klare Einführung in diese Bereiche ist wichtig. Martin
hält sich dann daran und übernimmt beflissen die jeweiligen
Aufträge.

Seriale Wahrnehmungsleistungen

Da in der Literatur immer wieder darauf hingewiesen wird, dass bei taubstummen Kindern in den serialen Leistungen, also in den aufeinanderfolgenden Abfolgen große Unterschiede gegenüber hörenden Kindern vorliegen, und ich mich mit diesem Problem jahrelang durch die Schulstunden bewegte, habe ich mich diesem Bereich ganz besonders gewidmet. Wenn man sich in diesem Bereich der Wahrnehmungsleistungen vertieft, werden auch unsere Sinne geschärft für das Verstehen der Komplexität, wie all unsere Sinne in einem genialen Zusammenspiel zu den großartigen Leistungen des Verstehens, der Kommunikation und der Wissensanhäufung führen. Sogenannte kleine Einschränkungen können massive Ausfälle verursachen, doch bestehen Möglichkeiten der Förderung. Ja, auch dieses Problem hält mich mit Martin in Bewegung, und auch heute noch halte ich Martin mit Übungen in diesem Bereich weiterhin in Bewegung. Ganz extrem konnte ich Kinder mit diesen Schwierigkeiten im Schulheim in Zürich erleben. Ich hatte eine Schülerin, die gesund geboren war, jedoch im frühsten Kleinkindalter schwer erkrankte und lange in tiefer Bewusstlosigkeit lag. Sie wurde durch ihre Krankheit in dieser sensiblen Entwicklungsphase erfasst, wo sich die Integration der Sinnesleistungen im Wahrnehmungsbereich entwickelt und festigt. Die Fähigkeit zur Reihenbildung und das Verständnis für Zeitabfolgen konnte sie für sich nicht in die Reihe bringen und ordnen. Durch ihr Nichtverstehen kam es immer wieder zu schweren Ausbrüchen in ihrem Verhalten. Zum Lesen konnten wir sie nicht mehr schulen, obwohl es vom Sehvermögen her nur wenig

Einschränkungen gab. Doch wurde ein bescheidenes Maß im Wortbilderfassen und -verständnis möglich, was uns in der Kommunikation zusätzlich Brücken und Hilfen bot. Ein Aufeinanderfolgen der einzelnen Buchstaben (Reihung), wie sie für unsere Kommunikation im Fingeralphabet gefordert wird, bereitete ihr größte Schwierigkeiten.

Für Martin baute ich in diesem Bereich der Förderung auch intensive Sinnesschulung nach Montessori mit ein. Besonders die vier Zylinderblöcke und die knopflosen Zylinder waren hier eine große Bereicherung und Hilfestellung für Wahrnehmungsübungen, Sprachaufbau und Mengenbegriff. Es wurde mein spezieller Bereich, den ich nach wie vor im visuellen und taktilen Aufgabenbereich ständig ausbaue, zuerst auf der Zuordnungsebene und des Sortierens bis hin zur Aufgabenstellung für gesetzmäßige Reihenabfolgen. Es wurde für mich ein spannendes Aufgabenfeld. Ich bezog jegliches Naturmaterial mit ein und fertigte für die verschiedenen Sinnesbereiche viele Einheiten vor, immer wieder etwas anders gelagert, und Neues einbringend. Ich bezog Menge, Farben, Formen und Qualitätsunterschiede von verschiedenen Materialien ein, auch Abstufungen. Mit Martin arbeitete ich lange mit den logischen Blöcken, diese bergen viele Möglichkeiten. Es war für mich eine Freude, Martin so beflissen arbeiten zu sehen, und wie ich ihn immer mehr fordern konnte und immer noch kann, auch jetzt im Alter von 30 Jahren. Natürlich muss ich auch Martins Grenzen wahrnehmen.

Wir müssen uns bewusst sein, dass dies nur die Vorstufen hin zur eigentlichen Sprache/Kommunikation sind. Nur im Tun und in den problemlösenden Tätigkeiten setzt sich das Kind mit der Wirklichkeit auseinander. Mit dieser Auseinandersetzung lernt das Kind die Begriffe mit Inhalt zu belegen und so reihen sich Worte des Verstehens aneinander, und aus dem Gehörten, dem gesehenen Schriftbild oder dem taktil erfassten Bild wird lebendige Sprache. Hier können nun die gemachten Vorstellungen einfließen. Form und Inhalt fließen ineinander und der Erwerb der Sprache kann nun ausgebaut und erweitert werden. Wir müssen darauf hinwirken, die Aufmerksamkeit des Kindes zu holen und ihm dann angemessene Wahrnehmungsmöglichkeiten zu verschaffen. Dies ist ein

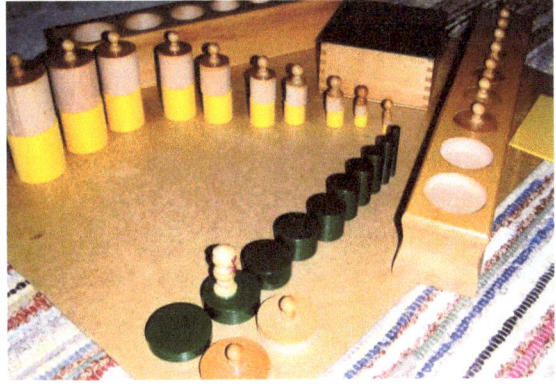

schwerer, mühsamer, aber lohnender Arbeitsbeitrag. Wir versuchen, die Wahrnehmungskapazitäten voll auszuschöpfen, die uns zur Verfügung stehen. Daran müssen wir uns orientieren und uns für jedes einzelne Kind ein Vorgehen zurechtlegen, damit das Kind durch unser gezieltes Führen Ursache und Wirkung erspürt, auch wenn ich die Führung mit dem Kind ausführe, der Input kommt an. Mit dem Zugang zu den täglich wiederkehrenden Abläufen der Alltagshandlungen, der aktiven Teilnahme mit den Dingen, wird der stete Schritt um Schritt getan in der Wirklichkeit selbst. Wirklichkeit und Entwicklung gehören zusammen und bedingen einander. Das Kind kann und soll lernen, seine Umwelt, sein kleines Umfeld, verändern zu können. In diesen ähnlichen, täglichen Abläufen baut das Kind eine Sicherheit auf, die es mit der Zeit auch aufmerksamer werden lässt. Dadurch lässt es sich auf neue Schritte ein, reagiert abwartend und lernt vorauszuschauen. Dies alles sind tiefgreifende, großartige Gedächtnisleistungen, die zu Erkenntnissen führen, für die Aufeinanderfolge von Richtung und Reihenfolge, auch der Buchstabenreihenfolge für das spätere Lesen-Lernen. Die ersten Übungen für solche Folgeleistungen sollten deshalb logisch gut aufgebaut und zeitlich gut gegliedert werden, denn hier liegt der Schlüssel für die eigenen, inneren Logikverbindungen. Logische Folgerungen werden ebenfalls in Bildergeschichten gefordert, sie sind hilfreich. Beobachtet man besonders kleine Mädchen im Kindergartenalter, sie reihen unbeschwert aus innerem Bedürfnis heraus, gesetzmäßig gleichmäßige Muster, Perle um Perle, zu bunten Ketten. So wirken sie spielerisch aus innerem Drang an ihrer inneren Struktur. Hier kann man sagen, so wie die Perlen gesetzmäßig aneinander gefügt werden, so fügt sich die gesetzmäßige Aufeinanderfolge von Buchstabe zu Buchstabe, von Wort zu Wort, zum Sinn des Satzes.

Ein besonderes Zeichen setzen die Ereignisse und Besuche, die wiederkehrenden, regelmäßigen Treffen zu Bezugspersonen oder Orten, an denen sich die Kinder wohlfühlen können, individuelle Spielmöglichkeiten oder Badespaß bieten. Für unsere Kinder, deren Leben bzw. Tag und Woche nur im geringen Maße überschaubar sind, ist die Orientierung durch den Tag, und von Tag zu Tag, auch im Zeitplan von ganz besonderer Bedeutung. Was bedeuten die Zeitbegriffe für sie: wenig, warten, bald, später, heute, morgen, gestern jetzt? Wann bekommen diese Begriffe Inhalt, doch nur durch die regelmäßige Einbindung im Tagesgeschehen. Die Zeit wird in den Ereignissen erlebt und erfahren. Diese kleinen Zeiteinheiten geben dem Kind Sicherheit, die Vorfreude auf den nächsten Tag, auf das nächste Ereignis wächst. Dafür lohnt es sich auch, sich mit unabdingbaren Notwendigkeiten abzugeben oder über sich ergehen zu lassen, die meistens auch mit dem großen Warten einhergehen.

Ich bin mir bewusst, aus meinem erlebten Erfahrungsbereich nur Hilfestellung allgemein einbringen zu können. Jedes Kind, jedes Tun, in dem das Kind eingebettet ist, zu Hause oder in der Heimsituation, alles steht für sich und ist einzig. Wir als Helfer müssen dies respektieren, so wie auch wir von ihnen mit unseren Mängeln angenommen werden.

Ich für mich liebe meinen Beruf, so nah am Kind und dem Geschehen zu arbeiten. Mein Beruf hat auch etwas mit Forschen zu tun. Wie geht es weiter?

Wahrnehmungssystem

Der Tastsinn ist ein äußerst komplexes, leistungsfähiges Wahrnehmungssystem. Diesen Weg des Erkundens müssen wir mit unseren Kindern ganz ausschöpfen. Die Wahrnehmungs-leistungen können durch Training um ein Vielfaches gesteigert werden, dies gilt für alle Bereiche der Wahrnehmung, für das Sehen, Hören und Tasten, den Geschmack und Geruch, ebenso für die Orientierung im Raum, und den Sinn für Bewegungsabläufe. Es ist nicht so, dass ein geringer Sehrest plötzlich verbessert wird, sondern er wird angepasster und vielfältiger verwertet werden können. So ist es auch mit dem Hören. Die Höreindrücke werden sorgfältiger ausgewertet durch die Übungen in diesem Bereich. Manch blinder Mensch kommt zu Hochleistungen im gesamten Wahrnehmungsbereich. Ich kenne verschiedene blinde Erwachsene und Kinder, die mich jedes Mal erstaunen lassen. Eine blinde Frau, die mich in Zürich in meiner Wohnung besuchte, gab mir beim Betreten derselben in etwa die Größe meiner Wohnung an. Ein etwa 8jähriger blinder Knabe sprang über die Eingangsstufen seines Wohnhauses hinweg, weil er Distanz und Räumlichkeiten gut einschätzen konnte. Ein 14jähriger taubblinder Knabe korrigierte seine Lehrerin, die den Wissensdurst ihres Schülers befriedigen wollte, als er fragte, mit welchem Autotyp ich mit meinem Ehemann seine Lehrerin besuchten. Sie gab an, dass wir mit einem Opel gekommen seien. Er bestand darauf, das Auto zu erkunden. Er umrundete tastend das gesamte Auto zweimal genau und lormte seiner Lehrerin aufgeregt und mit Nachdruck in ihre Hand: „Das ist ein Opel KADETT", und streckte sofort seine Hand für eine Antwort der Lehrerin entgegen.

Geben wir nicht auf und glauben wir daran, da, wo es nichts zu hören und zu sehen gibt, noch andere Kanäle auf Input warten. Auch, wer nichts hört, hat etwas zu sagen. Der, der nichts sieht, möchte uns vielleicht seine inneren Bilder mitteilen. Auch wir müssen unsere Sinne schärfen, um unsere taubblinden Menschen zu verstehen. Unsere Kinder lassen oft viel über sich ergehen, sind geduldig und warten in der Stille auf uns.

Ich kann es nur nochmals wiederholen: Nie aufgeben! Manchmal kommt der Durchbruch erst nach Jahren. Das Kind schafft es nie, wenn wir aufgeben, es bleibt isoliert.

Wochenstruktur und Kalender

Sobald Martin bei mir zu Hause geschult werden konnte, kaufte ich mit ihm zwei Jahreskalender, einen für unsere Schulsituation und einen für seine Eltern. Für jeden Monat ein Blatt zum Abnehmen, die einzelnen Wochen sind deutlich durch Farbunterschiede gekennzeichnet. Zuerst ging es mir um die Wocheneinteilung. Wann kommt Martin zu mir, wann ist er zuhause. Die Wochenenden wurden besprochen bei Mama und Papa, und die Aktivitäten, die sie mit Martin unternahmen. Dies beinhaltete auch immer wieder neue Begriffe, die geübt, immer wieder wiederholt und dadurch verinnerlicht wurden. Mit der Woche beschäftigten wir uns lange, mit verschiedenen Materialien und Bewegungsspielen. Wir bauten die Woche als Treppe auf, mit klarer Zeichnung, liefen sie mit den Fingern hinauf und hinunter, auch mit kleinen Holzpüppchen. Aber auch auf der Treppe im Haus, wo er die Schriftbilder der Reihe nach auflegte. Wir liefen sie hinauf und hinunter und gebärdeten dazu die Wochentage. Die Woche war die Basis, diese musste gut gefestigt werden, um weiterzugehen. Im Oktober 1988 mit neun Jahren gebärdet Martin die Wochentage hintereinander, wenn er das Anzeichen (die Farbgebung) dazu sieht. Hätte Martin den kleinen Sehrest nicht, so hätte ich die Wochentage taktil vermittelt. So wuchs Martin langsam in das Zeitmaß des Monats hinein. Eine Woche hat sieben Tage, ein Monat hat viele Tage (vier Wochen). Zuerst war es der erste, der zweite, der dritte Monat, danach kamen die Monatsnamen hinzu, die auf dem jeweiligen Kalenderblatt mit großen Druckbuchstaben deutlich zu lesen waren. Hier setzte ich auch das Fingeralphabet ein.

Dann rundeten wir den Kalender mit dem Jahresbegriff ab. Jetzt war es an der Zeit, die Schriftbilder der Monate zu üben und der Reihe nach zu ordnen. Später aus dem ungeordneten Zustand in die richtige Reihenfolge zu bringen und die entsprechende Monatszahl dazuzulegen. Dies alles reihte sich nahtlos ineinander. Es erwachte direkt ein reges Interesse für den Kalender und die Aufzeichnungen, die ich mit ihm vornahm. Jeden Morgen, wenn Martin zu mir kommt, erfolgt nach der Begrüßung das Abfragen: „Welchen Tag haben wir heute, der wievielte Tag in welchem Monat?", dies alles im Fingeralphabet. Anschließend wird das Besprochene auf seinem Arbeitsblatt festgehalten. Später kam die Wetteraufzeichnung hinzu. Nach drei Jahren Schulung verlangte ich von Martin, dies selbständig auf sein Arbeitsblatt zu übertragen. In diesem Zeitraum legt Martin auch die Zahlenbilder der Monate der Reihe nach korrekt. Danach beginnen die einzelnen Lektionen unseres Schultages zusammen. Wir tragen die Feste und Feierlichkeiten, die Ferien, die Geburtstage und bevorstehende Familienereignisse und Besuche ein. Alles

wird im Voraus eingetragen. So sitzt Martin jeden Morgen mit dem Kalender am Arbeitsplatz, gebärdet vor sich her, blättert im Kalender. So wird die Zeit des Wartens erfahren und die Vorfreude geweckt, z.B. noch 4 Wochen warten, dann kommt Mann mit Bart (Nikolaus), in einer Woche hat Martin Geburtstag, im Monat Mai ist der Mama-Tag (Muttertag) oder in 4 Wochen sind Ferien-Sonne-Sand-Wasser-Haus, mit den Eltern am Meer. Für Martin ist der Kalender wie ein spannendes Buch, aus dem er Informationen schöpfen kann. Diese Einbeziehung des Kalenders in Martins Tagesablauf begleitet uns auch heute noch als Orientierung, doch heute frage ich Martin: „Suche den Muttertag", Wann hat Martin Geburtstag, Wann ist Frühlings-, Sommer-, Herbst- und Winteranfang, Wann ist Weihnachten? Die Blätter der einzelnen vergangenen Monate werden ebenfalls abgeheftet und stehen jederzeit zum Nachschlagen zur Verfügung und am Ende des Jahres als Rückblick. Ist das Jahr zu Ende, kaufen wir gemeinsam einen neuen Kalender. Am Ende des Jahres erfreut sich Martin mit Papa immer wieder an den vielen Lichtern der Feuerwerkskörper.

Muttertag-Geschenk

Hinführen zum Spiel und zur Alleinbeschäftigung

Kinder sind ohne Arg und schenken uns von Beginn an viel Vertrauen, ohne dass wir schon etwas für sie getan haben. Nehmen wir die Kinder so an, wie sie uns gegeben werden, mit all ihren Beeinträchtigungen; denn sie haben schon viel zu tragen.

Martin benötigte von Anfang an Halt und die spürbare Nähe der Bezugsperson, die ihn führte und trug. Hier gab er sich ganz hin. Die Freude am eigenen Tun war noch nicht geweckt. Er musste erst ganz sicher sein, dass die Verbindung auch hielt, wenn die Nähe zur Bezugsperson nicht mehr greifbar und sichtbar war. Die Leere und Stille hielten ihn lange verschlossen. Ja, es gab für uns so viel zu tun: Seine schlaffe, kraftlose Handmotorik stärken, über Materialerfahrung ihm zum Erlebnis verhelfen „ich kann etwas". Er musste erst Erfahrungen sammeln, die ihm zu weiterem Wissen führten. Das Allein-sich-Betätigen, -Beschäftigen und -Experimentieren bei Martin ließ lange auf sich warten. Die Alleinbeschäftigung wollte und wollte nicht zum Durchbruch kommen, obwohl die vorbereitete Umgebung und die ausdauernde Hilfestellung gegeben waren. Er saß und wartete und benötigte viel Aufmunterung. Ich führte Martin zu den ihm bekannten Orten und dem Spiel- und Beschäftigungsmaterial mit der Aufforderung: „Möchtest du dieses oder jenes spielen?" Martin entschied sich dann selbst. Ich saß in seiner Nähe über einen langen Zeitraum hinweg, da er meine Anteilnahme brauchte. Später forderte ich Martin auf: „Hol ein Spiel" oder „Such ein Spiel!"

Die Spiele der Arbeitseinheiten beinhalteten Sortier-, Zuordnungs- und Unterscheidungsspiele in Farbe, Form und Menge. Auch taktile Unterscheidungsmerkmale, sowie ausgiebige Reihenbildung standen lange auf unserem Programm, später auch sehr differenzierte Abläufe. Die Konzentration auf die Abfolgen im Spiel steigerte sich und die Stereotypien traten mehr und mehr zurück. Die Freude am Tun, das Hantieren mit Gegenständen und Materialien, wurde geweckt und wuchs, und wurde nun zur Triebfeder für Martin. So übte er und differenzierte dabei seine motorischen und sensomotorischen Funktionen. Neue Begriffe wurden eingeführt und die Kommunikation wurde erweitert, interessanter und informativer. Zwischenhinein bot ich Martin über einen längeren Zeitraum auch Material zur Eigenbeschäftigung an, während ich völlig zurücktrat, z.B. alle vier Montessori-Zylinderblöcke in einem Arbeitsgang als eine Einheit. Dies wurde möglich, da wir vorher schon jeden einzelnen Block für sich geübt und die Kriterien und Begriffe dünn-dick, klein-groß, tief-flach erarbeitet hatten und diese von Martin erkannt und angewendet wurden. Martin blieb bei der Arbeit und bewältigte diese Aufgabe allein.

Dies und weitere Erlebnisse zeigten den Weg des Wachsens, den Martin nun beschritt. Nach zwei Jahren intensiver Förderung im Verbund mit den Eltern, konnte ich 45 Minuten Alleinbeschäftigung verzeichnen. Welch ein Fortschritt, welch ein Durchbruch!

Jetzt als „Erwachsener" kontrolliert er ein Kleinkind und erfreut sich seiner Aufgabe

Es ging voran, und jetzt, als „junger Mann", ist er Forscher und Entdecker zugleich.

Nach all den Jahren um Martin erfreue ich mich an seinem Tun und an seinem geistigen Mitgehen. Oft gebärdet mir Martin nun, was er tun möchte. Er entscheidet sich überwiegend für die Bindenarbeit (s. Werkstattprojekt). Hier wird er gefordert und er sieht, was er tut. Das Paket füllt sich und wir bringen es zur Post.

In bewundernswerter Weise nutzt Martin jetzt wirklich seine eingeschränkten Fähigkeiten, wenn das Umfeld ihm Angebote vermittelt, wonach er sich ausrichten kann, die seiner Entwicklung entsprechen.

Entdeckungen

Aktivitäten

Eis Zertrümmern

Konzentration / Geduldsarbeit

Hinführen zum Malen und zeichnerischer Darstellung

Martin malt von sich aus nicht. Es bedurfte einige Jahre des Austauschens, des Sammelns an Erfahrungen, des Hantierens und Führens, um in die Kommunikation einzusteigen, um über das begreifende Handeln und Tun zu Begriffen zu kommen, um zu begreifen. Hier wächst bildliches Vorstellungsvermögen, um zu einer bildlichen Darstellung zu gelangen und sie wiederzugeben. Die Handmotorik war schlaff, und ich führte vor der Buchstabeneinführung Nachfahrübungen mit meiner Führung ein. Hier setzte ich auch die metallenen Einsätze (Schablonen) von Montessori ein, zunächst mit meiner Führung, meine Hand liegt über seiner kleinen Hand, Stiftführung gemeinsam, klar und druckgebend, umfahren wir die Form. Es gibt zwei Schwierigkeitsgrade, ich blieb beim ersten Grad, bis Martin allein damit umgehen konnte, immer auch eine neue Form anbietend. Der Überraschungseffekt war deutlich, und die Herrschaft über den Stift wuchs, er übernahm nun auch etwas Druck, sodass er selbst merkte: Ich hinterlasse Spuren. Wenn der Rahmen abgehoben wurde, zeigte sich die gezeichnete Form. Der Innenraum wurde jetzt mit Parallellinien oder Senkrechtlinien ausgefüllt. Martin reagierte sehr gut darauf. Wir blieben für gewisse Zeit dabei, solange Martin Spaß daran hatte. Mit der Zeit suchte er selbst die Formen und Buntstifte aus. Später gab ich ihm ein DIN-A4-Blatt, gespannt auf einer festen Unterlage, und forderte ihn auf, ohne Formen allein zu handeln: „Martin male gleich"! Diesen Auftrag gab ich ihm mehrmals und ich zeigte ihm seine bisher gezeichneten Formen. Nach einer Zeit der

Besinnung malte er ein Gitter großzügig mit Parallel- und Senkrecht-Linien auf das Blatt. Die schöpferische Eigenaktivität war erwacht, auf die wir so lange gewartet haben.

So ging ich weiter voran; wenn Martin gefestigte Begriffe verinnerlicht hatte, wie Ball, Blume, Bett, Baum, Brille, Banane etc., gab ich ihm immer wieder den Auftrag „Male". Ich wurde immer wieder überrascht, dass die besonderen Merkmale hervortraten. Später, als er seinen Körper kannte, das Körperschema in sich trug, verstand Martin den Auftrag: „Male Martin!". Tasten, Sehen und Wahrnehmung korrespondierten zusammen.

Doch auch heute legt uns Martin sein Inneres nicht zutage. Wir müssen ihm den Auftrag geben, z.B. „Male Bild für Mama zum Muttertag (Mama Tag)". Ob Martin einmal von sich aus dieses Bedürfnis entwickelt, uns mit einer Darstellung etwas kundzutun, bleibt weiterhin spannend.

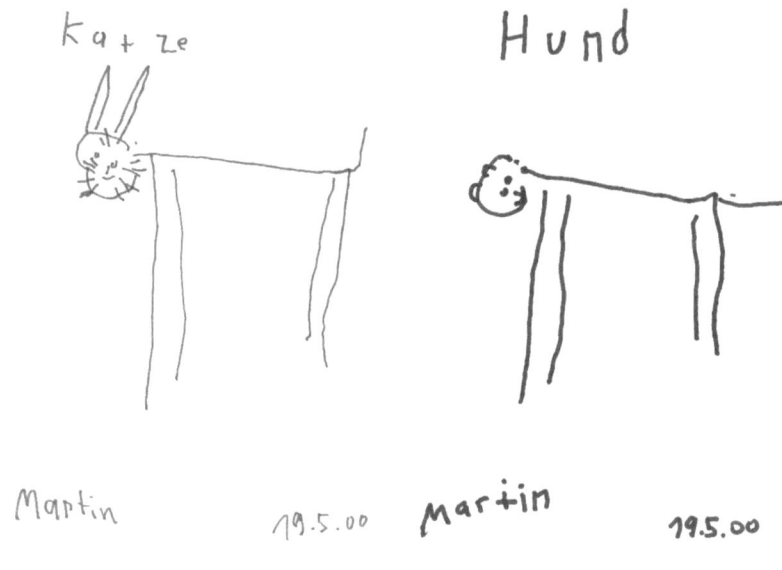

20 Jahre

Martin ist mit dem Gitarrenspiel der Mutter
in der Kirche von Klein an vertraut

Körperschema

Durch unseren Bewegungssinn erleben wir unsere Körper-
bewegungen und nehmen diese über unsere Rezeptoren in
den Gelenken, Sehnen und Muskeln wahr. Über diese Erfahrung des eigenen Körpers baut sich unser schematisches
Raumbild unseres Körpers auf. Für Martin war und ist die
Sehbehinderung und Gehörlosigkeit zur Bewegungserfah-
rung nachteilig; deshalb muss die Hilfe vermehrt von uns
einschließlich der Eltern und Therapeuten kommen. Außer
der Grobmotorik, die durch das Kriechen, Laufen und Turnen
unterstützt werden kann, müssen wir uns des Schweregra-
des unserer Kinder bewusst werden und von Beginn an die
Basisbeweglichkeit sichern. Wir müssen anregen und aufbauen, die einzelnen Gelenke der Körperteile bewusst machen, jegliche Arten der Bewegung einbringen. Zu Beginn ist
passives Bewegen wichtig, aber immer auch in Begleitung mit
Sprache, Körpersprache und Gebärden. Als ich Martin kennen
lernte, hatte er ein primäres Bewusstsein von seinem Körper.
Dieses galt es zu erweitern über die Bewegungserziehung in
Verbindung mit der Kommunikation. Ich legte Martin auf eine
feste Kartonunterlage und umfahre seinen Körper und seine
Extremitäten mit einem dicken Stift. Er ist sehr aufmerksam,
danach schneide ich im Beisein von Martin die Konturen seines Körpers auf dem Karton aus. Mit Martin male ich auf dem
Karton die Kleidung an, Hose blau, Pullover rot usw. Einzelne
Merkmale hebe ich hervor, wie die Schnalle an seinem Gür-
tel, die Knöpfe sowie die Hosentaschen, dies lasse ich mir
auch an seiner Kleidung zeigen. Ich führe die Schriftbilder
ein, wobei ich bei Martin vorerst nur die Gebärden verlange.

Ebenfalls legen wir ein Buch an, wo wir Seite für Seite immer ein Körperteil besonders hervorheben durch Umfahren des Körperteils und durch Ausmalen. Immer begleiten uns die Gebärden und die Schriftbilder im Hintergrund, und natürlich das Bewusstmachen am eigenen Körper und die Bewegungen dazu, wie Laufen, Springen, Arm- und Beinbewegungen, in die Hände Klatschen bis hin zu den Fingerspielen. Wir erweitern die Lektion mit einem hölzernen Hampelmann, bestehend aus sechs Teilen, Rumpf, Kopf, zwei Arme und zwei Beine, den er zusammensetzt und die Schriftbilder korrekt auf die Teile legt, und mir über die Schriftbilder auch die Körperteile an seinem Körper klar und deutlich mitteilen kann. Diese geschlossene Lerneinheit begleitete uns anteilsmäßig durch das erste Schuljahr. Im folgenden Jahr, zum Abschluss dieses Aufbaus, soll Martin anhand des zusammengesetzten Hampelmanns die Schriftbilder selbst schreiben und zuordnen, was er dann auch bewältigte und freudig erfüllte.

Wochen später malt Martin ein Männchen mit plastischem Bauch und Bauchnabel und an den Stricharmen sind Finger angedeutet.

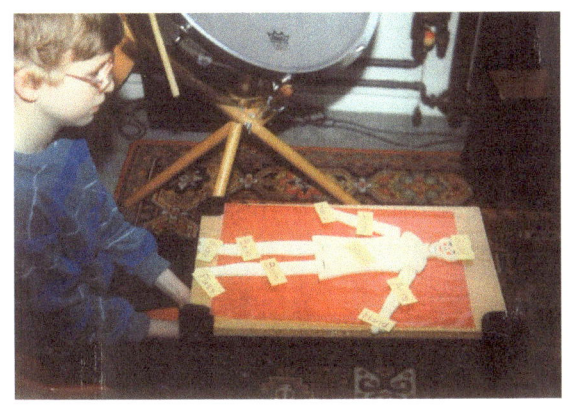

Auftrag: Male Hand!

Vorstellung in der Kinderklinik

Im Mai 1990 bekam ich eine Einladung, Martin in einer Fortbildungsreihe für Ärzte und Therapeuten in einer Kinderklinik vorzustellen. Thema der Fortbildung: Theorie und Praxis der Taubblinden-Pädagogik

Der Hörsaal war gefüllt und ich versuchte, die schwere Beeinträchtigung der Taubblindheit den Zuhörern nahe zu bringen. Ich gab Beispiele aus meiner praktischen Tätigkeit mit den taubblinden Kindern und beantwortete Fragen, die gestellt wurden. Die gestellten Fragen betrafen:

• Wie erfasst man ein taubblindes Kind (Kontakt)?
• Wie baut man Kommunikation auf?
• Wie kommuniziert man mit den Kindern?
• Wie steht es mit der Beziehung?

Eine Woche nach der Einführung in die Taubblindenpädagogik kam der große Tag für Martin und für mich, die Praxis mit dem taublinden Kind.

Ich packte zu Hause mit Martin die Tasche für unsere Vorstellung. Aufmerksam verfolgte er meine Handlungen, und voll freudiger Erwartung lief er mit mir zum Taxi um zur Klinik zu fahren. Nach der Begrüßung ließ ich die Anwesenden das Alter von Martin schätzen. Durchweg wurde Martin nach seiner körperlichen Entwicklung eingeschätzt, zwischen 4 und 6 Jahren. Martin war jedoch 11 Jahre, wog 17 kg bei einer Körperlänge von 122 cm.

Ich gab Martin Aufträge und er arbeitete beflissen und eifrig wie in meinem Schulzimmer. Ich gab zwischenzeitlich Erklärungen ab und beantwortete die eine oder andere Frage dazu. Auch gab ich Martin zwischendurch kleine Aufträge, wie: „Martin, suche den Lichtschalter, mach Lampe an!" oder: „Gib Frau mit den langen Haaren (die wir am Anfang begrüßt hatten) den Ball". Oder: „Zeige Frau mit langer Kette deine Zeichnung (Malbild)!" So konnten die Anwesenden seine unbeholfene Motorik sehen, das Suchen, die Merkfähigkeit und seine Gedächtnisleistungen. Damals waren wir noch sehr mit der Wochenstruktur beschäftigt und Martin legte die Wochentage der Reihe nach, und ich fragte ihn: „was für Tag haben wir heute?" und er gebärdete diesen Tag. Weiter: Gib mir Mittwoch!" und „Wie viel Tage hat eine Woche?" Martin legte ein Holzmännchen aus den einzelnen Körperteilen zusammen und legte die entsprechenden Schriftbilder dazu. Er arbeitete präzise und reicht mir das Schriftbild, das ich von ihm im Fingeralphabet abrufe. Martin arbeitet so weiter und holt auf Geheiß seine Pausenmahlzeit aus seiner Schultasche und schneidet eine kleine Banane in Scheiben, sticht sie mit der Gabel auf und isst für sich und trinkt aus dem Röhrchenbecher dazu. Auch ließ ich Martin ohne Aufgabenstellung, so für sich, und die Anwesenden sahen seine Hilflosigkeit, sein Versinken in die Einsamkeit und das Ausweichen in die Stereotypien. Die Anwesenheit Martins in seinem kindlichen, natürlichen Wesen und Tun, in seinem stillen, freudigen, reinen Dasein beeindruckte die Anwesenden, und er gewann ihre Sympathie. Herr Prof. Siemens sprach in seinen Dankesworten von einem unvergesslichen, bleibenden Eindruck für alle Anwesenden.

Martins Eltern und auch ich, wir nehmen Martin überall mit hin, wo es sinnvoll für ihn ist, zur Erweiterung seines Erfahrungsfeldes und zur Aufklärung in der Öffentlichkeit.

Kindergartenbesuch

In einem Zeitraum von 1 ½ Jahren besuchte ich mit Martin einmal in der Woche den in unserer Nähe liegenden öffentlichen Kindergarten für ca. 1 ½ bis 2 Stunden. Die Zeit war bereichernd für Martin und die Kindergartenkinder. Martin freute sich auf die Abwechselung und die Kinder erwarteten ihn. Wir hatten für diesen kleinen Ausflug, für dieses Projekt, ein kleines Umhängetäschchen, wo er auch eine kleine Box mit Obst- oder Gemüseanteilen mitnahm, die er dort, wenn die anderen Kinder ihr Pausenfrühstück zu sich nahmen, auch essen konnte. Auch nahmen wir immer ein kleines Lichtspiel, ein kleines Phänomen oder sonstiges Spielzeug mit, was Martin den Kindern zeigte. Diese Spiele wurden dann von einer Kinderhand in die andere weitergegeben. Sie weckten die Neugier, die Kinder staunten und freuten sich. Zum Dank sangen sie extra laut für Martin das ein und andere Mal ein Lied, in der Hoffnung, Martin höre ein bisschen. Es zeigte aber auch auf, dass im freien Spiel und auf dem Pausenhof kein Miteinander entstand. Jedes Kind bewegte sich nach seiner Verfassung, suchte sich Materialien und vertiefte sich im Spiel oder hatte seine Bezugsfreunde. Für das Miteinander mussten wir führen, leiten und anregen. Von Martin selbst kam keine Initiative, und so kam das spontane Miteinander nicht zustande. Es waren Erfahrungen auf beiden Seiten, die wir von der Lernintegration nicht genügend abschätzen können. Es sind Erfahrungen und Eindrücke, die jedes einzelne Kind für sich empfängt, verarbeitet und dann in sich trägt als erweiterndes Wissen, als wertvollen Besitz. Die Kinder haben sich hautnah miteinander erlebt, und dies hat Bestand.

Martin besuchte mit mir vom neunten bis zehnten Lebensjahr diesen Kindergarten. Zu dieser Zeit wog Martin 16 Kilo
und war 115 cm groß. Er passte also gut in die Kindergarten-
gruppe.

Mama-Tag

Schornsteinfeger

13

Martin war 11 Jahre, er hat sich grobmotorisch so weit entwickelt, dass er sich in geschützten, bekannten Räumen freibewegte, langsam sich absichernd lief er etwas strauchelnd von einem Nahziel zum anderen. Meistens verharrte er jedoch an seinem Platz oder hantierte etwas, auf dem Boden sitzend. Doch die Aufforderung, sich mit etwas zu beschäftigen, oder sich etwas zum Spielen zu suchen, musste noch überwiegend von uns als Anregung kommen. Er war zu dieser Zeit körperlich noch sehr zart. Sein Gewicht und Längenwachstum entsprachen dem eines 5-6-jährigen Kindes.

Zu dieser Zeit machte ich Martin mit dem Schornsteinfeger bekannt, der sich angemeldet hatte an einem Schultag, als Martin bei mir war. Es war mir wichtig, dass Martin selbst aktiv werden konnte, die Dachluke zu erklimmen und den

Keller zu erforschen. Natürlich musste ich rundherum bei ihm sein und Unterstützung und Halt geben. Ich besprach mit Martin diese Situation und er zeigte großes Interesse. Wir begleiteten den Schornsteinfeger bis zu unserer Dachluke und Martin sah zu, wie der Schornsteinfeger aus der Dachluke verschwand. Nun gab ich Martin die Gelegenheit, die Dachziegel des Daches zu betasten. Danach stieg ich mit Martin die schmale Dachluken-Leiter wieder hinab, und wir liefen in unser Schlafzimmer, wo sich die Wand des Schornsteinschachts befindet. Wir legten Körper, Hände und Ohr an die Wand, um eventuell etwas Vibration zu erhaschen. Ich hörte es natürlich deutlich und nahm es voll wahr. Wie weit Martin dies verknüpfte oder wahrnahm, war nicht auszumachen. Nichtdestotrotz gab ich ihm die Möglichkeit. Danach begleiteten wir den Schornsteinfeger in den Keller und Martin sah den Ruß und durfte voll hineinfassen, wovor er sich doch scheute. Vor der Haustür betrachteten wir dann das Werkzeug des Schornsteinfegers, die schwere Kugel an dem dicken Seil und den dazugehörenden borstigen, harten Besen. Wir strichen über die Kleidung des Schornsteinfegers und die Hände wurden schmutzig. Martin gebärdete „waschen". Wir nahmen noch etwas Ruß mit der Kelle des Schonsteinfegers aus dem Eimer in einen kleinen Behälter und bestrichen damit ein Blatt Papier. Martin gebärdet wieder „waschen", was wir nun auch gemeinsam nötig hatten. Zum großen Erstaunen von Martin reichte normales Wasserspülen und Reiben nicht aus. Die Reinigung musste nun mit Seife und Bürste vorgenommen werden, dies liebte er nicht besonders, was verständlich ist, da seine Überempfindlichkeit für taktile Eindrücke noch deutlich ausgeprägt war! Danach besprachen wir die Eindrücke, die Martin geblieben waren und wir legten eine einfache

Zeichnung an und beschrifteten sie. Diese Gelegenheit, diese Eindrücke, konnten wir noch dreimal miteinander erleben, wobei ich immer wieder unsere frühere Aufzeichnung vom Schornsteinfeger heranzog, jedoch unser jeweiliges neues Datum dazu setzte. Die vielen neuen Begriffe bzw. neuen Gebärden, die wir in dieser Situation brauchten, wurden wiederholt abgefragt und dadurch gefestigt.

Was macht ein Briefträger?

Wie kommt mein Brief, den ich an die Lehrerin Christa in den Ferien schreibe, zu ihr? Oder wie kommt mein Brief, den ich mit Lehrerin Christa schreibe, zu meiner Mama? All diese Fragen kann Martin nicht stellen, doch müssen wir den Versuch unternehmen, soweit es geht ihm stückweit Erklärung zu verschaffen. So gingen wir mit unserem Brief in der Hand zum Briefkasten, dessen Leerungszeit wir kannten. Wir warteten den Postboten ab, der den Kasten leerte, und Martin steckte den Brief in die große Tasche des Postboten, der sie ins Auto verlud. Nun ging der Brief auf die Reise durch viele Straßen zum nächsten Postamt. Von dort wird der Brief vom Postboten zu den Eltern getragen. Der Postbote kommt meist mit dem Fahrrad, die Tasche ist schwer. Er verteilt die Briefe in die Hauskästen. So ließ ich Martin auch oft unseren Briefträger erleben, wie er auf unserem Weg die Post auf die verschiedenen Kästen verteilt. Ich bin mir bewusst, dass dies nur ein Teilwissen ist und ich ihm seine Ferienpost aus Italien oder sonst woher nicht im Detail erklären kann, dass Flug- und Bahnpost dazugehören. Doch Martin erkennt seinen Brief wieder, den er mir aus den Ferien zuschickte, den ich ihm am ersten Schultag nach den Ferien zeige. Ich bedanke mich natürlich sehr und zeige ihm meine Freude. Er liest bzw. gebärdet mir den Brief Wort für Wort und lächelt dabei. In umgekehrter Richtung erfährt Martin es, wenn wir zusammen an die Eltern schreiben. Selbst wir haben in vielem nur Detailwissen. Wichtig jedoch ist, was kann erfasst werden und was ist wichtig, erfasst zu werden.

Neue Erfahrungen

In unserer kleinen Siedlung wohnte ein blinder Knabe, der sein Leben freudig und zufrieden ausrichtete und in der Geborgenheit eines optimal fördernden, liebevollen Elternhauses aufwuchs. Wir begegneten uns öfters und seine Mutter erkundigte sich immer wieder einmal nach Martins Befinden und seiner Entwicklung. Bei diesen kurzen Begegnungen sagte ich Jonas, dass ich Martins Blickwinkel etwas erweitern möchte, ob es ihm möglich wäre, einige Male bei uns vorbeizuschauen. Martin war damals 11 ½ Jahre und Jonas 12 ½. Jonas stimmte sofort mit seinem offenen Wesen zu. Die Zeit erstreckte sich über drei Monate und war befruchtend für Beide. Jonas lief mit Langstock, und dies interessierte Martin. Martin freute sich immer sehr und zeigte es mir dann mehrmals mit der Gebärde Freude an. Schon beim zweiten Kommen von Jonas spellte* mir Martin die ersten beiden Buchstaben von seinem Namen. Bei dem vierten Besuch von Jonas spellte er bereits den Vornamen ganz und zeigte die Gebärde für den Langstock an. Es ergaben sich schöne Einheiten. Zweimal führte Jonas mit seinem Langstock Martin unseren kleinen Weg entlang zum Taxi für Behinderte. Martin vertraute sich Jonas an, wusste er doch nicht um seine Blindheit, sie verstanden sich ohne Worte. Dieses Bild werde ich nicht vergessen, mir wurde warm ums Herz. Ein anderes Mal spielte/ arbeitete Jonas mit Martin. Ziel war eine Reihenbildung, die ich vorgab. Sie steckten in eine dicke Filzmatte je drei Polsternägel, dann einen Reißnagel u.s.w. Jonas übernahm die Kontrolle. Danach wurde die Reihe akustisch dargestellt, drei Paukenschläge, einmal Klatschen usw. Auch hier überwachte

Jonas, dass die akustische Reihe stimmte. Ich bin allen lieben Freunden immer sehr dankbar für ihren so selbstverständlichen Einsatz, um das Leben von benachteiligten Menschen freudiger und reicher zu gestalten. Es ist gut zu wissen, Helfer oft ganz nahe bei sich zu haben, doch die Ansprache für den Einsatz des ersten Schrittes muss von uns ausgehen.

Nachtrag: Bei einer kleinen Exkursion mit Martin trafen wir Jonas. Gleich nach der Begrüßung erkannte Martin Jonas mit seinem Langstock und spellte sofort seinen Namen, und das nach über einem Jahr seit der letzten Begegnung. Große Freude auf beiden Seiten.

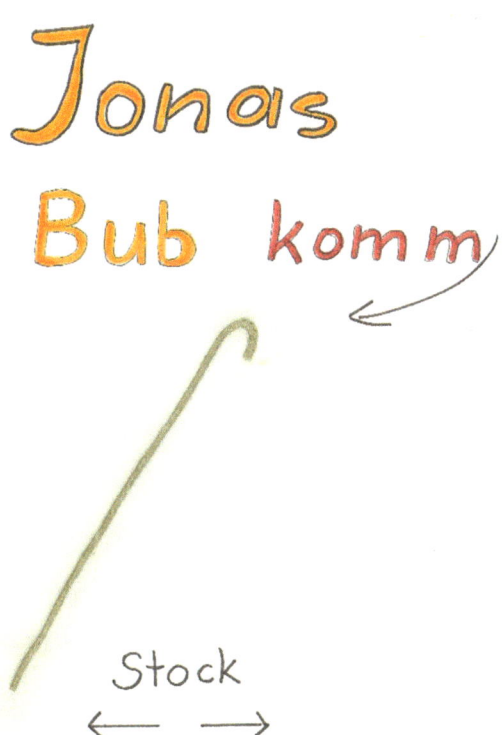

Jonas
Bub komm

Stock

Eine neue Situation

Bis zu seinem 13. Lebensjahr wurde Martin ausschließlich von Erwachsenen in der Gebärdensprache unterwiesen. Dies sollte sich bald ändern, als wir in unsere Familie ein dreijähriges Pflegekind aufnahmen. Ich gab unserem Pflegekind Chris den Auftrag: „Sage bitte Martin, er soll zum Essen kommen!" Chris kommt traurig und erregt zu mir: „Mama, Martin hört nicht auf mich!" Mir war klar, dass ich Hilfestellung geben musste. Nun stellte ich mich hinter Martin und ermunterte Chris, Martin immer wieder diese Zeichen zu geben und es mit Martin zu versuchen. Dann sprach ich wieder mit Martin: „Chris spricht zu dir, schau!" Bis das Eis gebrochen war, vergingen viele Monate. Und dann eines Tages die freudige Überraschung. Chris kommt außer sich vor Freude: „Mama, Mama, Martin folgt mir!" Von da an wurde Martin aufmerksamer für die Signale, die auch von kleinen Personen (Kindern) ausgehen können.

Martins Schulung mit unserem damalig 3jährigen Pflegkind war eine bereichernde Zeit für Beide. Martin profitierte sehr in diesem Zusammensein, mit Rhythmik- und Singspielen, mit Koordinations- und Gleichgewichtsübungen, mit motorischen Übungen ganz allgemein, doch hauptsächlich im Zusammensein, dem Miteinander. Es waren 1½ Jahre des Nahebeieinanderseins, des Zusammenwachsens, des sich Aneinander-Gewöhnens. Dies gab eine gute Basis für Martins Entwicklung.

Es liegen hier mehrere eindrückliche kleine Filmsequenzen aus dem praktischen Tun vor.

Umzug und Baustelle –
Nähere Umgebung kennenlernen

Wir wohnen an einem ruhigen Ort, auf unserem Weg sind keine öffentlichen Verkehrsmittel erlaubt, was für die Schulung meiner Kinder von Vorteil ist, da ich diesen Weg als Erweiterung der Bewegungserziehung einbeziehen kann. Als Martin bereits schon acht Jahre zu mir nach Haus kam, bot sich uns im gegenüberliegenden Haus eine größere Wohnfläche an, die uns zusagte. So ergab es sich, dass ein Umzug bevorstand. Doch die Instandsetzungsarbeiten für dieses Haus zogen sich über ein Jahr hin, und so zogen wir die große Baustelle in unseren Schulalltag mit ein. Martin war fasziniert, was er da alles zu sehen und zu hören bekam. Der elektrische Hammermeißel erschütterte das nahe Umfeld und Martin zeigte die Vibration als Höreindruck an. Er teilte dies nach Befragen den Eltern mit, „neu Haus, viel hör". Dieses Jahr war das Jahr der speziellen Erfahrungen. Nach den groben Arbeiten am und im Haus wurde es wieder neu interessant für Martin. Durch die leeren Räume konnten wir schreiten und uns Ballspielen und großflächigen Rhythmikspielen hingeben. In den anderen Räumen standen verschiedene Farbtöpfe, kleine und große Pinsel, große Rollen für Wandbeläge, Schrauben und Nägel in vielen Größen, und wir hämmerten und schraubten mit, und Martin freute sich, wie die Nägel und Schrauben im Holz versanken. Weiter führte ich Martin durch zwei Stockwerke zum Dachfenster, sodass er das Dachdecken erleben konnte. Eine einmalige Gelegenheit, eine Baustelle so nahe zu erfahren. Diese Zeit war gefüllt von reichen Angeboten für neue Erfahrungen. Schon das Gerüst war eindrücklich, und dazu kamen die verschiedenen Maschinen und Werkzeuge über einen so langen Zeitraum. Dies führte wirklich zu begreifbaren Begriffen.

Nun hatten wir den kleinen Weg so oft miteinander überquert, sodass ich anfing Martin die 20 Meter allein laufen zu lassen. Und sobald das Haus einzugsfertig war, trugen wir einige Schulutensilien vom Schulzimmer des alten Hauses in das neue Haus. Dabei ließ ich Martin selbst einige seiner Materialien tragen. Später durften wir einige Male den neuen Mieter unserer alten Wohnung besuchen. Noch heute, nach über zehn Jahren, gebärdet Martin seinem Vater, wenn er ihn abholt, und sie am alten Haus vorbei laufen, „alt Haus, Lehrerin Christa".

Nun hatten wir plötzlich auch neue Nachbarn. Zur rechten Seite hin, „Mann und Frau mit Hund", denen wir schon öfter begegnet waren und deren Hund Martin jetzt auch öfter streicheln konnte. Wir pflegen den Kontakt mit den Nachbarn und Martin kennt nun bereits auch die Hausnummern zu den jeweiligen Nachbarn. Eine rüstige alte Dame wohnt im Haus Nr. 4, Martin nennt sie Oma. Trotz seines minimalen Sehrestes ordnet Martin die Kriterien des Alters zu und wendet den Begriff „Oma" korrekt an. Wir bringen ihr ein Stück Apfelkuchen oder Apfelmus von den Äpfeln unseres Gartens, wo Martin mitgewirkt hat, oder zur Weihnachtszeit einen gebastelten Stern. So wuchs Martin Stück für Stück auch außerhalb des Hauses in sein Umfeld. Heute ist er bereits in der Lage, die leere Mülltonne vom Ende des Weges ca. 80 m allein zu holen und sie auf unser Grundstück zu manövrieren.

Die große Baustelle

 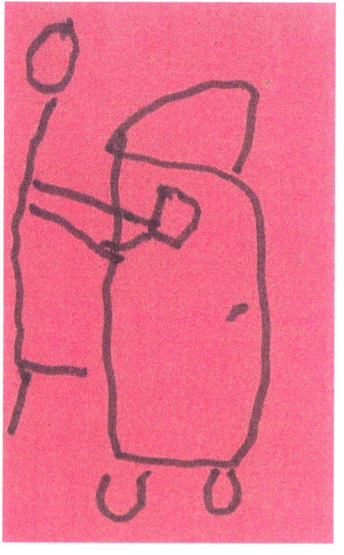

Ballspiele

Sobald ich Martin bei mir zu Hause schulen konnte, begann ich auch mit dem Ballspiel. Zuerst mit dem Zurollen im Langsitz, noch Fuß an Fuß, damit er mit mir Kontakt hatte. Dann erweiterte ich die Entfernung etwas und wünschte zusätzlich, wenn er mir den Ball zuschickte, einmal zu klatschen, bevor er meinen Ball wieder erhielt. Auch variierte ich mit der Größe des Balls. Dann setzte ich mich hinter Martin vor eine Tür in der Küche, da der Boden hierfür geeignet war. Wir rollten den Ball mit Nachdruck gegen die Tür und der Ball prallte zurück. Auch hier rückten wir bald etwas zurück, um eine größere Distanz zu bekommen. Desgleichen machten wir diese Übung auch im Kniestand und im Stehen mit dem Fuß. Hier waren die größten Schwierigkeiten zu überwinden wegen des Gleichgewichts, der Koordination und der Körperkraft, der kleine Sehrest kam als Einschränkung noch hinzu, doch mit der Zeit bekam Martin ein Gefühl, seinen Stand einzurichten, und damit auch eine gewisse Sicherheit. Mit dem großen Therapieball turnte ich mit Martin auf verschiedenste Weise, was er sehr liebte. Auch rollte er den großen Therapieball gehend, schiebend durch die Räume und nahm dadurch an Stabilität im Laufen zu und die Raumerfahrung wuchs. Wir rollten den Ball auch über die Treppen im Haus nach oben, indem ich hinter ihm lief und er Stufe um Stufe stoßen musste, was er gern tat und es bald ohne meine Hilfe beim Stoßen bewältigte, natürlich bewegte ich mich hinter ihm her. Zur Vorbereitung der Prellballübungen setzte ich Martin auf die unterste Treppenstufe in unserem Haus. Ich kniete vor Martin und übte mit ihm, den Ball fallen zu lassen, um ihn gleich danach mit beiden Händen vom Boden kommend aufzufangen, später den Ball nicht mehr aufzufangen, sondern ihn mit der flachen Hand niederzuschlagen. Martin war für jede neue Handhabung bereit und übte mit mir und anschließend immer auch noch etwas für sich. Und so schritten wir weiter voran im Versuch „Prellball-Übung im Stehen". Es schien am Anfang schier unmöglich, doch ich blieb am Ball. Wir übten immer wieder, doch der Ball spickte immer von ihm weg. Ich führte Martin und er begann zu bemerken, dass er mit der Schlaghand steuern kann und er setzte dies über die Jahre hinweg um. Martin bewegte sich bereits zwischen 3 bis 5 Anschlägen, und er bestimmte die Dauer des Übens selbst. Und so bezogen wir die Prellball-Übung in unser Bewegungsprogramm mit Ballspiel ein. Mein Vermerk von 24. 11. 1998: Martin erbringt bereits 40 Anschläge. Nun gebe ich Martin eine Zusatzvariante: Einmal mit der rechten und einmal mit der linken Hand anzuschlagen, was er kurzzeitig auch übernimmt. Im Februar des folgenden Jahres erreichte Martin 70 Anschläge, und dies trug er freudig seinem Vater vor, als er ihn abholte. Diese rhythmischen Ballspiele tragen nicht nur zur Geschicklichkeit, Koordination, Konzentration und Ausdauer bei, sie beflügeln auch die geistige Beweglichkeit für das Lesen-, Schreiben- und Rechnen-Lernen, da alle Sinne angesprochen werden, korrespondieren beide Gehirnhälften. In zehn Jahren, 19jährig, hat Martin diese Leistung vollbracht: Übung macht halt doch den Meister.

Martin ist mittlerweile so weit, dass er auch einen kleineren Ball (12 cm Durchmesser) im Stehen in einer Entfernung von 1 ½ bis 2 m fangen kann. Er richtet sich hier nur taktil aus, d.h. es liegt an uns, ihm den Ball so zuzuwerfen, dass der

Ball eine Hand von Martin berührt und er mit der zweiten Hand als Fanghand zupackt. Damit füllen wir sinnvoll kleine Wartezeiten aus, z.B. wenn Martin von Fahrdienst abgeholt wird und eine Verzögerung eintritt. Ich erkläre ihm, wir beide warten auf das Taxi, und frage ihn: „Möchtest du Ball spielen? Er gebärdet mir zurück: „Ja, ja Freude!"

Bewegungserziehung
mit Seil, Stäben und-Rhythmik-Reifen

Die Bewegungserziehung gehört ganz allgemein und von An-fang an in die Förderung und Schulung unserer Kinder. Sie sollte nicht nur ein bis zweimal pro Woche von Therapeuten vorgenommen werden, sondern in Zusammenarbeit täglich von der jeweiligen Bezugsperson, Eltern, Erzieher und Lehrer unterstützt und in das Schulprogramm integriert werden. Denn der Anreiz des Umweltgeschehens geht an unseren

Kindern vorbei, und das Vorbild der Nachahmung entfällt. Diese entscheidenden Kriterien wirken sich nachteilig für die Entwicklung aus. Was wir für das Kind nicht in die Hand nehmen, entgeht ihm. Unsere Aktivität und unser Einfallsreichtum müssen ungebremst wirken, wir müssen mit den Kindern all die Bewegungen ausführen, die die Entwicklung in den verschiedenen Schritten in Gang setzen. Wichtig ist nicht nur das Wissen über die motorische Entwicklung, sondern auch zu wissen, wie kann ich dem Kind unterstützend zur Seite stehen, damit seine Motivation geweckt wird und es dann selbst den inneren Drang verspürt, seine Umwelt zu entdecken. Wenn das aktive Greifen bzw. auch das Festhalten von und an Materialien in Gang gekommen ist, haben wir schon den ersten großen Basisschritt bewältigt. Wenn dann die Aufrichtung des Körpers in Gang kommt, waren mir fest angebrachte Stangen an Wänden (Sprossenleiter) und stabile Möbel, sehr hilfreich. Im Weiteren waren mir der Rhythmikreifen, Holzstäbe (ca. 80 bis 100 cm) und dicke Seile stete treue Begleiter als Hilfsmittel, besonders auch zur Erweiterung der Beweglichkeit und zur Erfahrung des Raumes. Über das Material verbunden in Bewegung schafft Beziehung zur Umwelt, gibt den Kindern Halt und Geborgenheit. Zum anderen setze ich diese Hilfsmittel viel für gymnastische Übungen ein, indem die einzelnen Gelenke besonders in Bewegung gehalten werden, die von den Kindern zum Teil zu wenig oder kaum in genügender Weise beansprucht werden. Druck-Gegendruck, ziehend oder stoßend, oder einfaches, geborgenes Mitgenommen-Werden verbindet uns mit dem Stab, Seil oder Rhythmikreifen. Sie sollen auf eindeutige Bewegungsreize hin reagieren lernen bis hin zu Nuancen der Berührung. Es gab eine Zeit, wo Martin diese gymnastischen

Übungen, die ich mit ihm zusammen ausführte, zu Hause für sich nachvollzog. So waren und sind sie für ihn eine Bereicherung und helfen ihm, seine Stereotypien zu überwinden.

Bewegung und Belastung der Knochen sind ein wesentlicher Teil zur Gesunderhaltung und eine Maßnahme gegen Erschlaffung der Muskulatur und ihren einschränkenden Folgen. Knochenbelastung stimuliert den Knochenaufbau und die Durchblutung, deshalb ist die Bewegungserziehung von entscheidender Bedeutung. Die Bewegungserziehung ist nicht abgeschlossen, sie bedarf eines regelmäßigen Trainings. All unsere Förderung soll für das Kind in einem körperlichen, seelischen und geistigen Gleichgewicht erfolgen, und in den Tagesablauf eingebettet sein, z.B. den Tag aktiv begrüßen verbessert die Lebensqualität. Bewegungen auf möglichst mühelose Weise ausführen, dabei entwickelt sich feinste Körperwahrnehmung, sodass kleine Unterschiede erkannt und als angenehm empfunden werden. Wer eindeutiger spürt, kann für sich besser und angepasster reagieren. Es müssen immer wieder neue Bewegungssituationen mit Aufforderungscharakter gesucht und geschaffen werden. Aus dem Erlebnis heraus, wenn ich mich bewegen kann, wächst der Wunsch nach mehr. Hier besteht ein großer Bedarf an Physio- und Ergotherapie. Die Entwicklung unserer Denkfähigkeit und Aufmerksamkeit ist weitgehend von motorischer Erfahrungen abhängig, vom Handhaben zum Erfassen, zum Begreifen.

Ziele der Bewegungserziehung sind zuerst das Entdecken und Erkunden. Dies bringt die Erfahrung, dann das Aneignen, um zu eigenen Bewegungsmöglichkeiten zu gelangen.

Winterschlaf

Im Oktober entdeckte ich bei der Gartenarbeit im Vorgarten in einer großen Pflanze eine Anhäufung von Laub. Bei näherer Betrachtung richtete sich ein Igel für den Winterschlaf ein. Sobald Martin wieder bei mir war, habe ich vorsichtig die oberen Blätter angehoben, dass ich Martin den Igel kurz fühlen lassen konnte. Martin hat ihn als Igel erkannt und mir die Gebärde für Igel gezeigt, und dies war mir wichtig. Nun zeichnete ich in einfacher Strichführung auf einem DIN-A4-Blatt diese Situation auf und wir schrieben das Datum dazu. Wir schrieben nun Woche um Woche den Schlaf des Igels auf und zählten die Wochen. Daraus wurden dann Monate. Ich ließ mir dies von Martin immer wieder berichten und vorlesen, z. B. Igel schläft viel, vier Wochen = ein Monat. Ein Monat und eine Woche, dann acht Wochen sind zwei Monate. Dann kam der Winter und deckte den Igel mit Schnee zu und der Igel war immer noch da unter dem Laub und Schnee. Ein großes Ereignis für Martin. Und eines Tages im Frühling Anfang April, mit den ersten warmen Sonnenstrahlen, war das Igelbett leer. Dieser Winterschlaf erstreckte sich über sechs Monate. Wir schlossen die Aufzeichnung ab und hefteten das Blatt in unseren Ereignisordner.

Nöte und Sorgen im Alltag –
Stilles Weinen

Schlimm für die Eltern war es, wenn Martin zuhause weinte, und sie wussten nicht, was ihn bedrückte oder ob er Schmerzen hatte. Sie waren zwar um ihn, doch ihre Begrenztheit zu spüren tat weh. Fragten sie Martin: „Was? Wo hast Du weh?", gab Martin die gleiche Gebärde zurück. Sie fragten ihn durch weitere Gebärden, „Hast du Bauchschmerzen?" Er antwortete mit den gleichen Gebärden zurück. So boten sie ihm immer wieder Fragen an, doch immer kamen nachahmend die angebotenen Gebärden zurück. Sie trösteten ihn, wie man ein Baby tröstet, und sie tauchten mit ihm in seine und ihre Gefühlswelt. Doch es bedrückte sie immer wieder aufs Neue. Und dann und wann erzählten sie auch mir davon. Da Martin in der Zeit meiner Tätigkeit mit ihm noch nie geweint hatte, konnte ich für ihre Situation wenig ausrichten, da ja jede Situation für sich steht und ein Geschehen vorliegt. Dies kann ebenso körperlichen wie seelischen Ursprungs sein.

Nach eineinhalb Jahren Tätigkeit mit Martin, er war 9 ½ Jahre, kam auch für mich der Tag, da Martin bei mir weinte. Nach meinen Aufzeichnungen war es der 26. Oktober 1988, aber es ist in mir wach, als ob es gestern war. Martin liebte es, wenn ich mit ihm arbeitete, er war aufgeschlossen und vertraute sich mir voll an. Auch war er mit den Jahren erwartungsvoll gestimmt und wurde neugierig, was wir Heilpädagogen uns so sehr wünschen, denn es leitet das Lernen ein und beflügelt. Nun war es an mir, Hypothesen aufzustellen, um den Grund herauszufinden. Ein stilles, lautloses

Tränenvergießen während unserer Gartenarbeit mit meiner Führung, einen Ast durchzusägen. Diese Tätigkeit bereitet ihm Freude vom Erlebnis her, sodass ich das Nichtwollen der Arbeit ausschließen konnte. Zuerst überblickte ich und kontrollierte, ob eine Verletzung vorlag, danach, ob Martin vielleicht eingenässt hatte. Dann zog ich die Kälte in Erwägung, versuchte mit ihm den Grund zu realisieren. Die Kälte schien mir der Grund zu sein. Wir ließen die Säge und den Ast auf dem Holzklotz liegen, und liefen so schnell, wie Martin mit meiner Führung laufen konnte, ins Haus zurück. Dort nahm ich sofort ein DIN A4-Blatt zur Hand und zeichnete in einfacher Weise die gegebene Situation auf: Martin und mich im Garten, Martins Tränen auf den Wangen sehr deutlich, die nun beim Zeichnen schon längst versiegt waren, und er ganz intensiv zusah, wie die Situationszeichnung auf dem Blatt wuchs: Ein deutlicher Weg vom Garten ins Haus. Die Gebärden „kalt" und „warm" waren ihm bekannt, die dazu gehörenden Schriftbilder waren jedoch noch nicht gefestigt, sodass es jetzt ein gutes, situationsbezogenes Ereignis war, sie zu festigen. Zur Gartensituation schrieb ich mit Druckbuchstaben mit blauem Stift „kalt" und zum Haus schrieb ich mit rotem Stift „warm". Danach besprach ich mit Martin die Zeichnung mit Gebärden und jeweiligem Zeigen. Nun erwartete ich von ihm, dass er mir das Geschehen vom Blatt her wiedergab. Auch besprach ich mit ihm, wenn Mama kommt, ihn abzuholen, soll er Mama sagen, was er heute erlebt hat. Danach legte ich das Blatt zur Seite, in der Hoffnung, wenn die Situation für ihn so beindruckend war, wird er es den Eltern wiedergeben können. Somit versuchte ich, einen Weg zu finden zur Verarbeitung und ihn in die spontane Kommunikation zu bringen.

Erst jetzt zogen wir beide unsere Jacken und Schuhe aus, denn ich wollte die Situation möglichst nah erfassen, ohne zwischenzeitliche neue Eindrücke. Drei Stunden nach diesem Ereignis kam die Mutter, bis dahin hatten wir nicht mehr von diesem Vorgang gesprochen. Zur Mutter gewandt sagte ich, sie solle Martin fragen, was er heute gearbeitet hat. Martin zeigte sofort, dass er geweint hat. Die Mutter war erschrocken und sehr überrascht, da ich ihr von diesem Ereignis noch nichts erzählt hatte. Martin gebärdete weiter: Gartenarbeit, kalt, schnell laufen, Haus warm. Danach berichtete ich der Mutter von der Situation, zeigte ihr unsere Aufzeichnung und wir nahmen beide an, den Grund für seine Tränen gefunden zu haben.

Diese Zusammenarbeit und der Einsatz der spontanen Aufzeichnung gaben den Eltern Mut und Hoffnung, auch zuhause mit Martin Grundsteine legen zu können, die zu einem Fundament des Verstehens heranwachsen, um ihn in die spontane Kommunikation zu führen.

Es ist so wichtig, Schmerzen, Unbehagen und Ängste mitteilen zu können, Anteilnahme zu spüren, verstanden zu werden, wenn Worte fehlen.

weint

Martin ?

kalt

Christa

Martin lauf→Haus

Warm

Das große Warten –
Sich bemerkbar machen
oder es geht nicht weiter

Martin wendete sich nicht an uns, um seine Bedürfnisse anzumelden. Er blieb einfach sitzen oder stehen und wartete, bis wir zu ihm kamen, ihm ein Zeichen geben, was zu tun ist, wie es weiter geht. Ein Baby weint, die Mutter kommt, oder später, das Kind ruft und Mama ist da.

Zehn Jahre meiner Schulung mit Martin vergingen, bis er sich ganz spärlich, ab und zu, an uns wandte. Immer wieder musste man ihn in bedrängte Situationen kommen lassen, damit sein Bedürfnis wuchs, sich an uns zu wenden. Ahnen wir, in welcher Not sich unsere Kinder befinden? Dass manches Kind aggressiv reagiert, ist verständlich. Martin äußerte sich nicht in dieser Richtung. Still verharrt er, der Situation nicht mächtig. Wie viele Bedürfnisse erfüllen wir uns den Tag hindurch! Vielleicht besinnen wir uns hie und da daran, wenn wir Kinder in ihrer Eingeschränktheit sehen, wie reich jeder einzelne von uns gesegnet ist. Auch die spärlichen Versuche von Martin, seine Bedürfnisse zu zeigen, mussten von uns angebahnt, verstärkt und belohnt werden. Jetzt musste aufgebaut und ausgebaut werden. Bis jetzt war es ein langer Weg, doch jetzt können wir uns mit Martins Hilfe auf den Weg machen. Er hielt uns auch in diesem Bereich wach. Er fordert uns heraus, in uns zu gehen, ihn weiter zu bringen. Zeitsparender und einfacher wäre es, an ihn heranzutreten, ihm eine Aufgabenstellung zu geben, ihn aus dem großen Warten zu holen. Ein Beispiel: Wenn ich einem gesunden Kleinkind vieles, ja alles, abnehme, weil es in unserer schnelllebigen Zeit schnell gehen muss, bekommt dieses so am Tun gehinderte Kind später ganz sicher seine Probleme. Dazu fallen mir die belehrenden Worte aus Schillers Glocke ein: „Das ist´s ja, was den Menschen zieret, und dazu ward ihm der Verstand, dass er im Herzen spüret, was er erschafft mit seiner Hand." Auch der große Pädagoge Pestalozzi sagt es: „Wir müssen Herz, Hand und Verstand erfassen". Darum lasst uns das tun, was primär notwendig ist: Für jedes Kind in seiner Situation neue Wege aus der Isolation finden. Ich tauschte mich mit den Eltern wieder vermehrt aus, jeder noch so kleine Beweggrund von Martin in Richtung spontane Kommunikation wurde von uns freudig bewegend aufgenommen, die Inhalte besprochen für das Weitergehen. Die spärlichen Versuche von Martin, sich an uns zu wenden, wurden mehr und mehr. Von jetzt an war ich nicht mehr zufrieden, wenn er zu mir kam und mir gebärdete „fertig". Nun wollte ich erweiterte Kommunikation: „Was ist fertig? Was soll Christa schauen?" So wuchs Martin in einen kleinen Austausch von Kommunikation hinein. Manchmal fällt Martin wieder etwas zurück. Oder will er es sich einfach machen? Er steht in der Nähe von mir und gebärdet vor sich her, ohne mich anzutippen. Früher stand Martin auch neben mir und tippte seinen eigenen Arm immer wieder an, um mir etwas mitzuteilen. Martin nimmt einfach an, ich sehe es oder ich werde schon darauf reagieren. Wo ich früher darauf gewartet habe, dass Martin ein Zeichen von sich gibt, wie und wann auch immer, so kann ich es jetzt nicht mehr durchlassen. Er muss sich direkt an mich wenden. Nach einiger Zeit sind wir wieder einen Schritt weiter. Er sucht mich bereits, auch wenn ich mich nicht in seiner Nähe aufhalte.

Obwohl Martin um diese Abläufe weiß, bringt er nun einen ganz neuen Aspekt ein. Wenn ich am Morgen mit ihm den Tagesablauf bespreche, und interessante Aufgaben vorliegen, macht er voran, erledigt einige Abläufe, wie Essen und Toilettengang, allein. Wenn ich jedoch keine detaillierte Besprechung mit ihm hatte, verharrt er wieder und bleibt am Tisch sitzen. Es gibt zwei Arten des Verharrens von Martin: Einmal, wenn er keinen Überblick hat, wie es weiter geht, und zweitens, wenn er erwartet, dass ich komme, ich aber nicht komme. sitzt er mit einem Lächeln am Tisch und hält aufmerksam Ausschau, ob ich komme. Er verhält sich wie ein Kleinkind: Wieweit kann ich gehen, was macht Christa? Dieses Verhalten ist strapaziöser für uns als für ihn, denn wir wollen, dass es weiter geht.

Doch er wird dieses Verhalten solange ausprobieren, bis er merkt, dass er dadurch selbst Einschränkungen bekommt. Daher müssen wir weiterhin ganz nahe um ihn sein, um ihn aus diesem Zustand des Verharrens am Ort herauszuholen.

Erweiterung der Kommunikation

Vorwissen erleichtert den Ausbau der Kommunikation. Ein Kind fühlt sich angesprochen, es erwartet etwas, es wird neugierig. Es kann etwas hinzufügen oder etwas miteinander verknüpfen. Dies sind Schwerpunkte in der Kommunikation, die wir besonders auch in der Schulsituation berücksichtigen und beachten sollten. Ich konnte bei Martin auf Vorwissen aufbauen, das Martins Eltern in ihn gelegt hatten. Ich fing z.B. schon Mitte Oktober mit Martin an, die Wochen bis zum Nikolaustag und bis hin zum Weihnachtsfest zu zählen. Da sich Martin im Zahlenbereich von 1 bis 10 befand, berücksichtige ich dies auch in all unserem Tun, und bezog die Menge überall, wo möglich, mit ein. Er sollte seine Hände als Mengenbegriff einsetzen können. Wir zählten also 10 Wochen bis zum Weihnachtsfest. Dies wurde aufgeschrieben und auf dem Arbeitsblatt vermerkt. Eine Woche später holten wir den Kalender wieder dazu, zählten die Wochen erneut. Die vergangene Woche wurde im Kalender durchgestrichen. Ich schrieb auf: 10 Wochen bis Weihnachten. Eine Woche ist vergangen, jetzt sind es noch neun Wochen: $10 - 1 = 9$. Diese Einheit um die Vorweihnachtszeit führte ich einige Jahre hindurch und bemerkte mit der Zeit, dass Martin die Abstraktion selbst leistete. Diese Erkenntnis, diese Verinnerlichung, muss sich ein Kind selbst erarbeiten, doch wir können und müssen auf dem Weg behilflich sein, freudvolle Ereignisse und Erlebnisse schaffen und mit verschiedenen Materialien bereichern. So erfahren es auch Kleinkinder, z.B. mit dem Adventkalender, die Vorfreude wächst und das Warten wird unterteilt, es ist ein schrittweises, ein tägliches, erwartungsvolles

Vorgehen. So ist Martin hineingewachsen und ich lasse ihn die Rechenoperation selbst vornehmen, indem ich abfrage: Wie viele Wochen musst du warten bis zum Weihnachtsfest?

Bei Martin verhält es sich so wie bei einem Kleinkind: Man spricht mit dem Kind und oft weiß man nicht, wie viel es aus dem Gespräch entnommen, wie viel es von der Gesamtheit verstanden hat. Oft ist es nur ein Begriff, der für alles steht, doch mit der Zeit reiht sich Begriff um Begriff zusammen und der Zusammenhang wächst: Plötzlich kann das Kind antworten oder Fragen stellen. Dieses Anwachsen müssen wir bei unseren Kindern nur unter einem anderen Zeitraum sehen. Jedenfalls müssen wir sehr aufmerksam sein und die kleinsten Regungen und angedeuteten Gebärden wahrnehmen. Die zusammengestückelten Begriffe oder das Buchstabieren im Fingeralphabet, das oft fehlerhaft vorgetragen wird, zu entziffern, ist nicht immer leicht. Ich hatte im Schulheim ein Mädchen, das mir in der kalten Jahreszeit unterwegs, als sie Fausthandschuhe trug, mit dem Fingeralphabet im Handschuh Mitteilung gab. Es war ihr nicht klar, dass ich es nicht verstehe. Man muss sich immer wieder neu orientieren: Was ist möglich, was kann jedes einzelne Kind leisten, was kann es aus unseren Zusammenhängen herausnehmen, was deuten, was wird fehlgedeutet? Es gibt so viele Wege und Irrwege des Verstehens. Darum ist es so wichtig in unserer Tätigkeit, dass ich mit meiner ganzen Person körperhaft mit dem Kind kommuniziere, nicht nur mit einer oder mit beiden Händen. Mein wohlwollender Ausdruck muss zu meiner Gesamtheit stimmen und mit dem, was ich ausdrücken möchte.

Martin liest in seiner Kartei

Variante der Kommunikation

Da ich Martins große Aufmerksamkeit erlebte, die er mir schenkte, wenn ich Erlebnisse/Ereignisse im Moment des Geschehens festhielt, wollte ich ihn auf einen neuen Weg der Kommunikation mit mir führen. Ich setzte mich neben ihn, mit Papier und Stift eingedeckt. In Erwartung, was kommt nun von ihm, ich halte mich zurück. Wie reagiert er in dieser Situation? Er sitzt, schaut und wartete geduldig, jede Bewegung von mir registrierend. Martin sitzt weiter und wartet. Nach ca. 10 Minuten nehme ich eine auffordernde Körperhaltung ein. Es ist die zweite Woche im Januar, für Martin noch ganz im Geschehen der Weihnachtszeit. Er gebärdet „Weihnachtsbaum weg", „Stern weg", „Lampe weg", „Kerzen weg". Danach wiederholt er sich, und ich schreibe alles auf, auch die Wiederholungen. Zwischendurch lacht Martin und hat seinen Spaß. Als ich das zweite Blatt vollgeschrieben habe, setze ich ein Zeichen, sonst findet er nicht aus dieser Situation, fordere ihn aber auf, mit mir zu sprechen. Martin schaut zum Fenster und gebärdet mir „Fenster". Ich schreibe Fenster. Er gebärdet weiter „viele Lampen weg". An den Schulzimmerfenstern haben wir je eine Lichterkette. Ich schreibe „Fenster, viele Lampen weg". Er verfolgt, was ich schreibe. Danach stehe ich sofort auf und nehme die Lichterkette an dem Fenster, wo Martin sitzt, ab und gebe sie Martin zum Halten in die Hände, sodass ich am zweiten Fenster die Lichterkette abnehmen kann, die durch Elektrokabel verbunden sind. Wir fügen beide Lichterketten zusammen und packen sie ein zum Versorgen. Bei dieser gesamten Handlung ist Martin sehr freudig dabei und lacht zwischendurch immer wieder. Hier und jetzt erlebte

Martin durch diesen Kommunikationsbeitrag, dass er etwas ausdrücken kann, was sofort zu einer Handlung führte, die eine Veränderung herbeiführte. Diese Begebenheiten stärken das psychische Wohlbefinden und das Kind wächst im Selbstbewusstsein: Ich kann etwas erreichen. Es wird dadurch motiviert, es wieder zu versuchen. Nach diesem Vorgang blättern wir in unserem Monatsblattkalender und zählen die Monate, bis wir die Lichterkette wieder an die Fenster anbringen und schreiben es auf das Arbeitstagesblatt.

Kommunikation geschieht den ganzen Tag hindurch. Es fließt in alle Bereiche des Lernens und ist nicht von einander zu trennen. Nicht nur an das Kind heransprechen, immer auch auf Antwort warten, herauslocken.

Verstehendes Handeln

Im Infobuch steht: Martin hat schlecht geschlafen, er ist wahrscheinlich müde und möchte etwas schlafen. Ich frage Martin, was er möchte, doch die Verständigung ist mir zu unklar. Deshalb schreibe ich zusätzlich auf: SCHLAFEN?--- ARBEITEN?, und gebärde es hinweisend. Ich fordere ihn auf, es zu lesen. Er liest, nimmt den vor ihm liegenden Stift und streicht SCHLAFEN kräftig durch, sodass nur ARBEITEN zu lesen ist. Er gebärdet nun noch zusätzlich ARBEITEN ja, ja. Das sind unsere Sternstunden im Alltag.

Das, was ich mit Martin im Essensbereich an Entscheidungen abverlangt und viel geübt hatte, setzt er nun heute um und konnte es für sich selbst übertragen, s.a. Bericht Kommunikation mit Schreibeinsatz.

Taktil-kinästhetische Handführung

Hin zum Schreiben

Martins in-die-Welt-Treten war von Beginn an mit gravierenden Beeinträchtigungen belastet. Seine körperliche und geistige Entwicklung sind unter diesem Gesichtspunkt zu betrachten. Dank des großen Einsatzes der Eltern konnte sich Martin zu der Persönlichkeit entwickeln, die wir jetzt in freudiger Erwartungshaltung im Erwachsenenalter um uns haben dürfen.

In seinem Eingeschlossen-Sein fehlte Martin das Erkunden der Dinge, die Handhabung der Materialien, ihm fehlte das Sich-entfalten-Können, da die Sinnesreize der Umwelt ihn nicht berührten. Er lag lange an der Sonde, war hilflos und schwach, sein Herz versagte ihm den Einsatz. Trotz alledem machte Martin sich mit uns auf den Weg.

Wie in den Kapiteln „Materialbeschaffenheit und „Taktile Wahrnehmungsleistungen", führte ich Martin an die Dinge unseres täglichen Umfeldes durch Führung seiner Hände, die so zart und klein, schlaff, weich, zerbrechlich und kraftlos waren. Sie mussten mit meinen Händen umschlossen werden, sodass Greifen und Zupacken mit meiner Handdruckbewegung und Führung möglich wurden. Er brauchte Hilfe, damit die Reize, die durch seine Hände liefen, wahrgenommen und erkannt wurden. Auch in diesem Bereich setzte ich Montessori-Material und -Methodik ein, z.B. taktile Nachfahrübungen. Martin ließ sich ein, er nahm die Führung an.

Die Händchen begannen etwas zu umfahren und zuzugrei-
fen. Mit der Führung meinerseits hatte ich das motorische
Gedächtnis von Martin erreicht. Über die ersten Jahre meiner Schulung mit Martin begleitete uns diese Handführung
intensiv. Und als der Input ein gewisses Maß erreicht hatte,
nahmen die Finger den Stift mit dicker Griffhilfe und umgrif-
fen ihn. Mit meiner Hilfe des Umfassens und der Druckgebung
entlockten wir Linien und Kreise und setzten Zeichen auf das
Papier. Dies wurde von Martin übernommen, zuerst als kleine
Ausrutscher, so wie kleine Kinder Punkte und Striche setzen.
Doch Martin sah und fühlte, dass er etwas kann, dass durch
seine Handlung etwas entstand, es eine Möglichkeit gab sich
auszudrücken. Nun setzten wir Zeichen, erste Buchstaben,
die einzeln für einen Begriff standen. Wir begannen mit dem
Buchstaben M von seinem Namen her. Nun wagten wir, einzelne Buchstaben zu malen. Es wurde ein lebendiges Mittel
des Verstehens. Es war eine Entdeckungsreise für uns. Martin
hat nun zusätzlich ein Werkzeug in seinen Händen, das wir
ganz stark weiterhin unterstützen und fordern mussten, damit er nicht in den Anfängen stecken blieb. Er muss spüren,
wir warten und erwarten von ihm ein Zutun. So wurden Gebärden, Fingeralphabet und Schriftzeichen, zuerst noch sehr
rudimentär gegeben, doch alles entwickelte sich und nahm
Gestalt an. Er schrieb oder malte jedoch nur auf Aufforderung
von uns. Erst heute im Erwachsenenalter wagt er ganz kleine
eigene Schritte in diesem Bereich. Aus der Führung begann
das wahrnehmende Bewusstsein, was ihn dann zur Ausfüh-
rung drängte. Und dieses erlebte Wissen, ich kann etwas, hält
den Motor in Schwung. Er bleibt dabei und ist offen für Hilfen,
ja fordert sie auch an.

Kommunikation mit
Schreibeinsatz und Aufträge

Erst jetzt kann ich mit Martin einen neuen Schritt zur Kommunikation einfließen lassen. Ich schrieb bisher die einzelnen Aufgabenschritte, die wir vorhaben, oder das, was wir getan haben, auf Martins Arbeitsblatt, und Martin hatte es zu lesen. Jetzt ziehe ich auch Martin bewusst mit ein, besonders, wenn er mir etwas sagen will, oder wenn er sich ständig in seinen Gebärden wiederholt. Dann fordere ich Martin auf, aufzuschreiben, was er mir sagen will. Danach lese ich die Mitteilung und Martin hat Freude und lacht, und wir korrigieren zusammen das Geschriebene. Hat Martin die umgekehrte Situation erfasst, dass ich jetzt lese, was er geschrieben hat, oder erfreut er sich dessen, was er kann und was er bewirkt? Einige Wochen nach diesem Einstieg in die schriftliche Kommunikation schrieb Martin heute selbständig auf sein Arbeitsblatt: „Pause". Als ich sein selbständiges Handeln bemerkte, stand ich sofort auf und gebärdete ihm: „Ja, jetzt Pause, Martin denkt gut." Wir liefen beide freudig in die Küche und stärkten uns mit einer kleinen Zwischenmahlzeit. Eine Woche später mit den gleichen Kriterien: Ich hatte wie immer unsere Zwischenmahlzeit fertig bereitet, jedoch gab ich heute Martin den Auftrag, er soll aufschreiben, was er in der Pause essen möchte. Martin schreibt „Brot". Ich ließ Martin miterleben, dass ich das vorbereitete Obst zur Seite stellte und gebe ihm den Auftrag „Suche Brot", um zu prüfen, ob Martin weiß, wo die Nahrungsmittel, die wir zusammen handhaben, aufbewahrt sind. Wir schnitten zusammen eine Scheibe ab. Diese legten wir auf ein Holzbrettchen und setzten uns zu Tisch. Ich wollte ihn herausfordern, dass er mir die weiteren Einzelheiten kundtut. Nach einer Weile am Tisch sitzend machte er zart die Gebärde „Butter", ohne mich zu berühren, ohne sich bemerkbar zu machen. Ich verhielt mich passiv, diese Zeitspanne, quasi eine kleine Drucksituation, benötigen unsere Kinder häufig. Erst nach geraumer Zeit tippte er mich ein wenig an und gebärdete: „Butter". Er wusste, wo die Butter war, und ich gab ihm den Auftrag: „Ja gut, hol Butter!" und wir strichen zusammen das Brot. Danach fragte ich ihn: "Was noch? Denke!" Martin zeigt an den Kühlschrank, so frage ich, was er möchte. Er soll mir gebärden, was er aus dem Kühlschrank holen will. Er gebärdet mir „Essen". Ich frage weiter, und daraufhin spellte er mir im Fingeralphabet „Käse", den ich ihm gebe. Kommt keine Antwort, biete ich ihm etwas an, z.b. Käse oder Honig. Das nächste Mal soll er mir schriftlich antworten. Es ist so wichtig, dass auch unsere Kinder sich entscheiden können und nicht nur die Speise vorgesetzt bekommen. Ein anderes Mal schreibe ich auf: Was möchte Martin trinken: Milch – Tee – Saft? Danach soll Martin das, was er nicht möchte, durchstreichen. So gehe ich auch mit anderenNahrungsmitteln vor, z.B. Martin, bitte hol Kartoffeln. Wenn Martin zur Kellertür geht, weiß ich, er hat es verstanden. Dann spreche ich mit ihm: „Bitte hol 4 Kartoffeln". So erschwere ich ihm die Aufgabe, er muss jetzt an beides denken, an die Kartoffeln und an die Menge. Da sich Martin im Zahlenbereich von eins bis zehn befindet, beziehe ich diese Mengenbegriffe, wo es angebracht ist, immer wieder mit ein, z. B. beim Kuchenbacken: „Martin, hol drei Eier!"

So bauen wir unsere Kommunikation weiter aus, und Martin bekommt ein erweitertes Spektrum, sodass er uns vielleicht auch einmal schriftlich ein Signal setzen kann.

Nachdenken / Erinnern

Wenn wir am Freitag mit einem Arbeitsgang nicht fertig werden, so spreche ich mit Martin darüber, dass wir am Montag weiter daran arbeiten. Dies versteht Martin im Moment meiner Mitteilung. Am Montag frage ich Martin, was wir heute zu arbeiten haben. Ich frage dann, bis er sich besinnt. Zu Beginn und bei Einführung neuer Schritte gebe ich Hilfestellung. Danach trete ich mehr und mehr zurück und erwarte mehr von Martin. Nun gibt es jedoch auch Arbeitsschritte, die sich nicht auf Montag verschieben lassen, wie z. B einen Apfelkuchen backen. Den Kuchenteig belegten wir mit Äpfeln aus unserem Garten, die wir vorher aufgelesen hatten. Wir schafften zu unserem normalen Schulpensum nur diese Teilschritte. Alles weitere besprach ich mit Martin, was es noch zu tun gibt. Dann sagte ich Martin, dass er am Montag Apfelkuchen essen dürfe, doch er muss daran denken. Dabei beließ ich es. Am Montag fragte ich Martin zu Beginn unseres Schultages: „Martin, denk gut, was heute?" Darauf gebärdete mir Martin: „Heute Apfelkuchen essen." Darüber freute ich mich sehr und zeigte ihm sofort den Apfelkuchen. Wir schnitten ein Stück vom Kuchen ab und gaben ihn auf seinen Teller, den er dann in seiner Pause essen durfte. Wir hielten diesen Vorgang auf unserem Arbeitsblatt fest und er war voll dabei.

Wenn Martin in unserem Haus kleine Haushaltsmängel festgestellt hat, z.B. dass der Knopf der Schuhschranktür locker ist, wo er seine Hausschuhe herausholt und versorgt, versucht er selbst die Schraube zu festigen. Er kontrolliert auch unsere

Arbeiten, die wir am Vortag in Angriff nahmen, ob wir in seiner Abwesenheit die Reparatur fertiggestellt haben.

Eines Tages gebärdet Martin in meiner Nähe immer wieder "kaputt". Ich frage nach: „Was ist kaputt? Er gebärdet immer wieder „kaputt". Ich sage zu ihm: „Laufe, wo kaputt?" Er führt mich ins Badezimmer, wo eine Lampe nicht mehr leuchtete. Ich freue mich mit ihm, dass er mir dies verständlich machen konnte und sagte ihm: „Christa kauft eine neue „Lampe". Danach schreiben wir auch dieses Ereignis auf unser Arbeitsblatt. Ich lasse ihn die Begriffe, die er selbst schreiben kann, schreiben, oder fordere ihn auf, im Fingeralphabet zu buchstabieren oder die Gebärde zu erbringen. Er ist mit großer Wachsamkeit dabei, was mir immer wieder neuen Auftrieb gibt. Beim nächsten Kommen beobachte ich Martin, wie er die Kontrolle vornimmt. Er registriert so manches, besonders wenn es sich um Lichtquellen handelt, oder eine mechanische Funktion beinhaltet.

In der Vorweihnachtszeit inspiziert er oft neugierig unser Wohnzimmer, ob Veränderungen oder weihnachtliches Schmücken vorgenommen wurde, wobei es ihn besonders interessiert, ob wir den Christbaum schon aufgestellt haben.

Es kommt auch vor, dass wir in unserer Arbeit so vertieft sind, dass wir keine Eintragungen auf unserem Arbeitsblatt gemacht haben, z.B. wenn wir in der Küche oder im Garten arbeiten oder kleine Exkursionen unternehmen und wir erst im Nachhinein unsere Eintragungen vornehmen. Hier verlange ich von Martin viel Nachdenken, um sich an alles zu erinnern. Ich muss weiter dabei bleiben und immer wieder Anstöße zum Nachdenken geben. Manchmal gehen wir auch den umgekehrten Weg, indem wir vorher planen, es aufschreiben, und ich dann vor Ort abfrage, was jetzt zu tun ist. Es ist weiter spannend mit Martin zu arbeiten, um ein lebenslanges Lernen zu gewährleisten. Denn es kann nur das geerntet werden, was gesät wird.

Fragen stellen und Antwort geben

Martin gebärdet seit einigen Jahren einige Gebärden vor sich her, z. B. wenn er mit dem Monatskalender am Schreibtisch sitzt, oder wenn er ein Bilderbuch ansieht. Er gibt uns Antworten, wenn wir nach Alltagssituationen oder Erlebnissen fragen, die er über das Wochenende mit den Eltern hatte, oder die Eltern wollen etwas von der Schulsituation erfahren. Es gibt zwei Möglichkeiten, mit Martin zu kommunizieren: Entweder wir fragen Martin, oder er gebärdet unvermittelt vor sich her, und wir reagieren darauf. Er reiht dann Begriff um Begriff aneinander. Ein oder zwei Begriffe stehen dann für eine Situation oder ein Erlebnis. Fragen aber stellt Martin keine an uns. Diese Möglichkeit kann er nicht nutzen. Dies kann auch schwer vermittelt werden, da der innere Drang von ihm aus kommen muss, ansonsten ist es nur ein Nachgebärden, was von uns angeboten wird.

Was will ein Kleinkind im Fragealter nicht alles wissen: Warum ist der Himmel blau? Warum summt eine Hummel? Warum hat Papa schwarze Haare und ich bin blond? Warum fallen die Sterne nicht herunter? Warum leuchtet die Sonne? Welch Reichtum kann nicht erkundet werden. Wie rudimentär bleibt ihre Weltschau! Es schmerzt zu wissen, wir können nicht genug an unsere Kinder herantragen. Wir müssen ihre Eigenarten und ihr Eingeschränktheit annehmen im Wissen um diese Dinge. Werden wir nicht ungeduldig und ziehen da, wo es nichts zu ziehen gibt, sondern füllen dort, wo das Fass mit Boden noch Raum hat zum Aufnehmen. Da sind wir gefragt, den Eingang zu finden. Füllen wir die Zeit, die Stunde, den Moment mit fassbaren Erlebnissen um den Durst zu stillen, der erkannt werden will. Denn nur wer anklopft, kann eingelassen werden.

Ich weiß etwas, frag mich doch!

6. 11. 2009: Martin kommt freudig lachend am Freitag zu mir, er ist jetzt 30 Jahre. Er bleibt freudig und lacht viel, sodass ich ihn frage: „Was erfreut dich?" Ich erwarte keine aussagekräftige Antwort darauf, er wird mir einfach bekunden, dass er Freude hat, das Warum bleibt in ihm, so war es bisher. Zu meiner Überraschung gebärdet Martin mir: „Heute kleine Kuchen (Plätzchen) essen!" Jetzt erinnere ich mich: Am Montag rührten wir Teig für Plätzchen an, die wir jedoch aus Zeitgründen nicht mehr backen konnten. Daher sagte ich zu Martin: „Denk, am Freitag kannst du kleine Kuchen essen. Du musst gut denken." Dies wiederholte ich nochmals, bevor er am Montag abgeholt wurde. Nach seinem Ausspruch am Freitag „Plätzchen essen" ging ich mit ihm sofort zur Keksdose, und er durfte zwei Plätzchen herausnehmen. Unter freudigem Lachen vollzog er diese Handlung. Seine Gedächtnisleistung halten wir schriftlich und zeichnerisch auf seinem Arbeitsblatt fest.

So zeigte mir Martin durch seine Freude und sein Lachen an, dass ich Ihn fragen soll. Sein Verhalten gab Signale: „Ich weiß etwas, frag mich doch!" Sein ganzes Wesen sprach zu mir, obwohl er sich nicht von sich aus an mich wendete. Er erwartete, dass ich zu Ihm spreche, dies ist bis jetzt sein Weg. Hören und achten wir auf diese sensiblen Zeichen der Kommunikation, arbeiten wir weiter und geben wir nicht auf. Er ist auf dem Weg der Verständigung.

Martin lernt ein „Hörzeichen"

Martin ist jetzt 38 Jahre und lernt weiterhin neue Begriffe und kleine Zusammenhänge zu verstehen. Er beginnt, langsam ins „Fragealter" zu kommen. In diesem Zeitraum bahnte ich eine Möglichkeit an, sich bemerkbar zu machen. mich/uns zu rufen, also zu lautieren oder Geräusche zu machen, mit der Faust auf den Tisch zu klopfen. Dieser Lernprozess zog sich über ein Jahr hin, bis er bemerkte, was es auf sich hat. Ab und zu machte er dann den leisen Versuch, es zu übernehmen, wobei ich ihn sehr anspornen musste, um die Lautgebung stärker zu produzieren oder die Druckgebung der Faust zu erhöhen. Erst mit der steten Wiederholung kommt es zur Verinnerlichung. Jetzt nach über einem weiteren Vierteljahr setzt er beide Möglichkeiten mit Nachdruck ein, auch bei seinen Eltern wendet er jetzt diese Hörzeichen an. Nachtrag: Jetzt nach weiteren fünf Jahren bei der Überarbeitung dieses Berichtes tritt das Klopfzeichen mehr und mehr zurück, Martin ruft mich jetzt mit lautstarker Stimmgebung: „Ba, Ba, Ba, Ba.". Es ist jetzt sein Hör-Ruf-Zeichen.

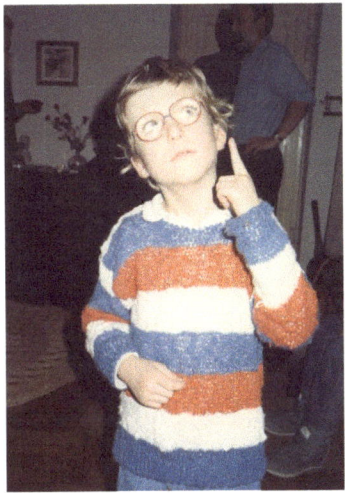

Martin möchte Bestätigung

Martin möchte bestätigt werden, z.b. lautiert er laut, sodass ich zu ihm komme. Nach der Frage, was er mir sagen möchte, gebärdet er mir „Papa kommt", denn sein Vater holt ihn jeden Freitag nach der Schulung bei mir ab. Nachdem ich Martin bestätige, „ja, Papa kommt heute", ist er zufrieden, lacht und fragt nicht weiter. Aber es geht weiter. Es gibt so viel Alltägliches, das sich ständig wiederholt, z.b. fährt er mit Julia im Behinderten-Taxi, dies tut er mir lautstark kund. Wir schreiben es auf sein Arbeitsblatt. Er buchstabiert mir immer wieder Julia und ich erkläre ihm, dass Julia auch arbeitet so wie er, „Julia im Arbeitshaus". Ist Julia nicht im Taxi, spellt er immer wieder „Julia", also möchte er wissen, wo Julia ist. Durch die Information vom Taxifahrer weiß ich vom Ausfall, „Julia ist krank", „Julia mit Mama Ferien." Martin freut sich über die Information. So wiederholt er sein Wissen von Situation zu Situation immer wieder und sucht die Bestätigung. So will er auch jedes Mal, wenn er bei mir ist, sein Alter auf sein Arbeitsblatt schreiben: Martin, 38 Jahre. Zu Hause bei den Eltern ergeben sich andere, ähnliche Situationen, die er ebenfalls immer wiederholt und dabei auf Bestätigung drängt. Ist man mit Martin auf einer Ebene und bestätigt sein Wissen, kommt er zur Ruhe. Nun will ich ihn dazu bringen, dass er seine an uns gerichteten „sogenannte Fragen" eventuell aufschreibt. Jedenfalls sucht er die Kommunikation und tritt mit mir und den Eltern in Kontakt.

Was nun?

Martin hat für seine Arbeitsblattaufzeichnungen eine Unterlage, wo sein Arbeitsblatt eingeklemmt wird, also Stabilität erhält. Ich verwende es auch gern für mich, um ein Notenblatt zu befestigen, um es zu einem meiner Instrumente zu stellen. Wenn Martin kommt, liegt es für ihn bereit im Schulzimmer an seinem Arbeitsplatz oder in der Schreibtischschublade, wo er es herausholen kann. An einem seiner Schultage konnte er es im Schulzimmer nicht finden. Er wartete lange, am Schreibtisch sitzend, Lehrerin Christa wird schon kommen. Aber ich kam nicht, ich sah jedoch, dass er wartete, doch ich wollte ihn herausfordern: Erstens, dass er mich suchte, zweitens, dass er mir sein Anliegen vortrug. Nach geraumer Zeit hörte ich ihn die Treppe herunterkommen. Ich hielt mich in der Küche auf, um seine Zwischenmahlzeit herzurichten. Ich wünschte, dass er zu mir kam und sich nicht einfach neben mich stellte, deshalb nahm ich keine Notiz von Martin, obwohl ich mich schon sehr freute, dass er zu mir kam. Nach einiger Zeit tippte er mich an, worauf ich sofort reagierte und ihn fragte. „Was möchtest du?" Er bekundete mir, er möchte schreiben. Ich erklärte ihm: „Ja, gut". Wir gingen beide zusammen ins Schulzimmer, obwohl ich wusste, dass die Schreibunterlage weder auf dem Schreibtisch noch in der Schreibtischschublade lag. Wir stellten also beide fest, dass die Unterlage nicht hier ist. Da Martin meine Verwunderung erkannte und ich dies deutlich vortrug, lachte er. Ich fragte ihn: „Was nun?" Er gebärdete „Suchen". Ich freute mich über diese von mir langersehnte Erkenntnis sehr und zeigte ihm dies auch. Wir liefen beide durch unsere Räume und ich sagte zu mir: „Christa denk gut!", sodass er es auch wahrnahm. In der Küche schauten wie auf dem Zeitungsstapel wir und hoben einige Zeitungen an und fühlten: Hier lag nichts. Ich wollte mit Martin nicht zielsicher zu meiner Kesselpauke laufen, sondern ihm Möglichkeiten des Suchens anbieten, da unsere Kinder hinsichtlich dessen zu wenige Möglichkeiten geboten bekommen. So gingen wir ins Wohnzimmer, schauten auf die Tische, liefen zu den einzelnen Instrumenten und schauten auf die Klavierablage. Zum Schluss gingen wir zur Kesselpauke, und siehe da, hier stand seine Klemmunterlage, die er selbst entdeckte. Martin lachte und freute sich sehr, auch ich zeigte meine Freude. Ich nahm mein Notenblatt heraus und überließ Martin die Unterlage. Schnellen Schrittes ging er damit ins Schulzimmer. Das war an einem Freitag, am Montag versetzte ich Martin in die gleiche Situation. Und siehe da, nach kurzem Verweilen am Schreibtisch ging er selbst auf die Suche, ohne sich an mich zu wenden. Er lief zielsicher in das Wohnzimmer zur Kesselpauke, holte sich die Klemmunterlage, die auf dem Fensterbrett angelehnt stand. Er nahm sorgfältig das Notenblatt ab, indem er die Klemme öffnete und ließ das Notenblatt auf dem Tisch neben der Kesselpauke liegen. Dieses Vorgehen von Martin hielten wir auf dem Arbeitsblatt fest mit Schrift und Zeichnung. Darunter schrieb ich: „Martin denkt gut, Christa viel Freude". Als der Vater ihn abholte, erzählte ich ihm von Martins selbständigem Handeln. Martin stand dabei und freute sich abermals. Der Vater fragte nach, und Martin gebärdete ihm das Geschehene.

Kochereignisse

Die Kochereignisse sind sehr wertvolle Handlungsabläufe für das Verständnis der Essenszubereitung, des Kennenlernens der Nahrungsmittel, ebenso werden die Begriffsbildung und die Kommunikation erweitert. Es birgt reiche, vielseitige Möglichkeiten an lebenspraktischen Erfahrungen, dies wiederum wirkt beziehungsstärkend. Die wenigen Möglichkeiten, die unsere Kinder haben, werden hier in nützliches, wirkungsvolles Handeln eingebettet. Legen wir hier den Schwerpunkt für unser führendes Handeln und nutzen diese Zeit mit unseren Kindern voll aus. Hier werden Zusammenhänge mit und in der Zeit erkannt, die unter der Führung von uns durch die Handlungsabfolgen gelenkt werden. Hier können nicht nur orale Wünsche erfüllt werden, sondern auch die Persönlichkeitsentwicklung wird angesprochen. Die Ernte der Gartenarbeit bzw. die Früchte, das Gemüse oder die Kräuter, werden in vielen Variationen in unseren Kochereignissen verarbeitet. Sie werden im rohen wie gekochten Zustand probiert und anschließend zubereitet als Obstsalat, Müsli, Konfitüre, Obstkuchen und Teeaufgüssen etc. Hier hat Martin auch gelernt, sich für das eine oder andere Essen zu entscheiden und es auszuwählen.

Die immer wiederkehrenden Abläufe wirken harmonisierend und beruhigend auf unsere Kinder und führen auf lange Sicht zu eigenem Tun, was wir uns ja so sehnlichst erhoffen.

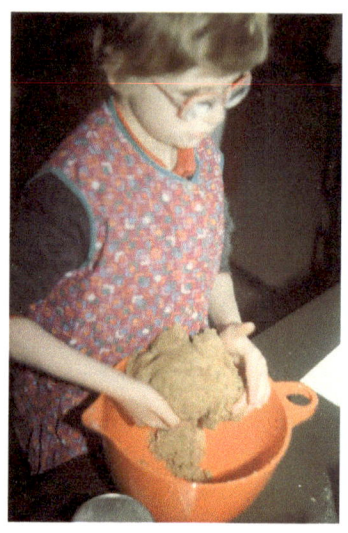

Küchenhilfe

Besuch

Von Zeit zu Zeit kommt Silas, ein dreijähriger Junge, zu uns zu Besuch. Martin und Silas kennen sich bereits schon über einen längeren Zeitraum. Wenn ich Martin mitteile, dass heute Silas, kleiner Bub, kommt, freut er sich, und umgekehrt fragt Silas nach Martin. Sehr schnell lernte Martin, den Namen von Silas mit dem Fingeralphabet zu buchstabieren. Silas ist ein gesundes Kleinkind mit ausgeprägtem, differenzierten Spielverhalten/Symbolspiel. Dies kommt Martin entgegen und sie kommen sich sehr nahe. Martin kann über das Situationsverständnis folgen oder Schlüsse ziehen, sodass wirklich gemeinsames Spiel kurzfristig zustande kommt. Silas Umgang mit Martin ist liebevoll, er redet mit ihm und umarmt ihn. Er möchte, dass Martin mit ihm spielt, und so trägt er verschiedene Spielzeuge" zu Martin, die er kennt, wie Formendosen, Steckspiele, Bausteine, Autos etc. Silas schaut, ob Martin das Spiel bewältigt und ob er aktiv wird. Er lässt es ihn auch wissen, indem er sagt: „Ja, Martin, gut, das ist richtig!" Meistens spielt Silas jedoch neben ihm und nutzt Martin als stillen Betrachter.

Ich reiche Silas ein zugebundenes Säckchen mit Spielinhalt und lasse die beiden allein. Silas möchte, dass Martin ihm hilft, es zu öffnen. Später sehe ich, dass der Sack offen ist und Silas spielt. Darauf frage ich Silas, ob Martin geholfen hat. Silas bejaht es, und ich frage nach: „Was hast du gemacht, dass Martin dich verstanden hat?" „Ich habe einfach Martin das Säckchen hingehalten und gesagt: „Mach auf!" und ich habe es so lange gesagt, bis er es aufgemacht hat."

Silas sagt mir: „Ich kenne noch einen Martin. Der kann richtig hören und sehen." Ich erwidere ihm: „Aber kann dieser Martin auch mit der Hand sprechen?" Silas denkt nach und antwortet: „Nein." Ich entgegne ihm: „Siehst du, dieser Martin, mit dem du spielst, kann mit der Hand sprechen, und dein Martin, den du kennst, kann gut hören."

Martin sitzt auf der untersten Stufe unserer Treppe im Haus und wir warten auf das Taxi. Silas setzt sich spontan auf Martins Schoß. Ich freue mich über die Zuneigung, die Martin durch Silas erfährt. Martin lässt es geschehen, seine Arme hängen am Körper herab, ohne Kontaktnahme zu Silas. Ich muntere Martin auf, er soll Silas festhalten, die Arme um ihn legen, was er dann auch bereitwillig tut und ihn tatsächlich festhält. Silas reagiert auf die Umarmung von Martin ebenfalls mit einer Umarmung und gibt Martin einen Kuss und windet sich aus der Umklammerung. Danach begleiten wir Martin zum Taxi und Silas winkt Martin zu. Doch Martin reagiert nicht, er nimmt es nicht wahr.

Was können wir aus dieser Situation lernen? Das dreijährige Kind hat uns in Geduld und Ausdauer belehrt: Abwarten zu können ohne ungeduldig zu werden. Keiner hat ihn extra darauf hingewiesen. Sein Gefühl dirigierte ihn und er handelte. Er hat bewiesen, dass von Kind zu Kind ohne Gebärden auch Kommunikation zustande kommt. Das Zusammensein im Spiel birgt ungeahnte Weiten in der Begegnung und Körpersprache. Vor allem, nicht aufgeben, was Silas uns gezeigt hat. Silas nutzt die Chance und nimmt sie wahr, Martin kennen zu lernen, und beide profitieren davon.

Wir müssen Kindern mit großer Offenheit begegnen, um ihnen ganz zu begegnen, sodass wir ihre zarten Regungen sehen und verstehen können. Wie weit und wann reflektieren wir uns selbst? Nicht erst am Ende eines Tages, nein, dies soll uns den Tag hindurch in Bewegung halten.

Gartenarbeit

Die Gartenarbeit ist etwas Besonderes für Martin, sie hat für ihn Erlebnis-Charakter. Das naturverbundene Tun ist für ihn keine Denkarbeit, hier ist unsere Beschäftigung voll Staunen und Bewunderung. Es bietet Martin eine große Abwechselung zum Hausunterricht.

Außerhalb des Hauses muss Martin überwiegend geführt werden. Wir geben Samen in die Erde, wir pflanzen, wir gießen, wir pflegen und ernten. In dieser langen Zeit des Werdens beobachten wir das Blühen und Wachsen, das Reifwerden der Früchte. Und anschließend erfreuen wir uns an der Ernte und genießen sie. (s.a. Kochereignisse). Wir sammeln und trocknen Kräuter, die wir dann für unsere Getränke und Speisen verwenden, und vor allem auch für Mama und Papa in Beuteln abfüllen und als Geschenk überreichen. Dazwischen gibt es viel Interessantes zu tun und zu sehen, wie Garten sprengen, Insekten und Käfer beobachten, zwischen hinein Gras mähen und heuen. Das Heu bringen wir in die nahegelegene Schule. Im Herbst kommt das Lauben hinzu. Große Freude hat Martin beim Holzsägen, wenn Stückchen um Stückchen vom Klotz fällt, die Holzspäne auf seinen Schuhen werden intensiv betrachtet. Vor kurzem sägte ich mit ihm von einer Korkenzieherweide junge frische Äste. Die Baumrinde war noch weich und ließ sich nicht durchsägen. Ich gab Martin den Auftrag, die hängende Rinde abzuziehen, was er in Angriff nahm. Er zog und zog über die Länge des Astes hinweg und musste mit der anderen Hand nachgreifen. Sein Verwundert-Sein wuchs in helle Freude und er lachte laut aus sich heraus, nachdem ich ihm dieses Tun noch mehrmals anbot. Damit die Eltern von diesem Ereignis unterrichtet wurden, versorgten wir einige kleine Astanteile mit der abgezogenen Rinde in einem Plastiksack und banden ihn an seine Schultasche. Auch das Brechen von trockenen Holzästchen ist so wertvoll für ihn, um seine Handmotorik zu kräftigen, und zusätzlich hat er seine Freude am Gelingen und sieht, was und wie viel er geleistet hat. All diese Ereignisse werden auf seinem Arbeitsblatt niedergeschrieben und gezeichnet, auch ein kleiner Anteil des Sägemehls wird aufgeklebt. Es ist selbstverständlich, dass ich ihm meine Freude zeige und ihn lobe und mich bedanke, wie er mir bei der Gartenarbeit hilft.

Lustvolles Wasserspiel

Pflanzen, Ernten und Tätig-Werden in der Gartenarbeit

Ernte

Wirken und Werken

139

Schulprojekt

Zur Erweiterung der Umwelterfahrung, der Kommunikation und der Begriffsbildung unternahm ich mit Martin in einer uns nahe gelegenen Schule mit Tierhaltung den Versuch, Martin etwas in die Tierfütterung einzubinden. Martin war damals 11 Jahre. Die Schule hat für ihre Großstadtschulkinder die Tierhaltung als ein nützliches lern- und verhaltensförderndes Projekt mit in ihr Schulprogramm und den Biologieunterricht aufgenommen. Sie hatten eine kleine Herde Schafe, etwa 30 Kaninchen in einzelnen Boxen, zwei Kolkraben, einen Falken, Gänse, Hühner und einen Hahn. Ich besprach mit der Biologie-Lehrerin mein Anliegen für Martin. Sie stimmte dem Projekt zu, vergewisserte sich aber und wollte wissen, wo das Gras bzw. Heu herkäme. Ich hingegen konnte ihre Bedenken verstehen und zerstreuen, da wir das Heu aus unserem Naturgarten hatten. Ich mähte mit Martin zusammen unsere kleine Wiese, dann ließen wir das Gras trocknen. Dann brachten wir das Heu in die nahegelegene Schule und fütterten die Schafe. Martin konnte sie z.T. von Hand füttern, sie streicheln und die Hörner ertasten. Ein kleines Schaf sprang zu unserer Überraschung in unsere Schubkarre, und Martin hatte helle Freude daran.

Ein anderes Mal war das Heu für die Kaninchenställe gedacht. Wir nahmen für die „Häschen" noch Möhren mit, die
Martin ihnen mit Freude reichte. Wenn die große Schulpause
war, konnte Martin so manches Mal die Häschen auf seinem
Schoß halten. Die Begriffsbildung und die Umwelterfahrungen bekamen Raum und Zeit und Martin wuchs hinein und
sein Gebärdenschatz und Schriftbilder-Erkennen nahmen
zu. Beim nächsten Mal bereiteten wir für viele Tiere Futter
vor, alles in einem Korb, für die Schafe Heu, für die Vögel
einen Apfel, für die Gänse und Hühner Körner, für die Hasen
Möhren. Vor der nächsten Fütterung im Schulgarten gab ich
Martin Bildkarten von den einzelnen Tieren, zu denen er das

entsprechende Futter legen sollte. Bei der Fütterung ließ ich Martin selbst in das Körbchen greifen, um das spezielle Futter herauszuholen. Der dritte Schritt war dann: Martin sollte auf mein Befragen hin selbst gebärden, was jedes einzelne Tier bekommt. Schon bald wusste Martin, welches Futter für welches Tier war. Martin lernte, dass die Tiere unterschiedliches „Essen" bekamen.

Besonderes Ereignis
im Schulprojekt

Samstag, den 25. 5. 1991: Es kam der Tag, an dem die Schafe
ihr Fell lassen mussten (geschoren wurden). Der Termin
wurde auf einen Samstag festgelegt. So organisierte ich, dass
Martin zusätzlich zu mir kam und ich lud noch einige Kinder-
garten- und Schulkinder zu diesem besonderen Ereignis ein.
Es war wirklich ein Ereignis, wie die Schafe still ergeben vor
dem Scherer lagen. Die Kinder staunten, die surrende Schnei-
demaschine und die großen Wollhaufen bewunderten sie. Jedes der Kinder bekam einen kleinen Anteil von diesem etwas
überriechenden Wollfell. Doch, was war nun geschehen? Die
kleinen Schäfchen erkannten ihre Schafsmama nicht mehr,
Ihr Aussehen hatte sich verändert. Die Mütter mussten lange
blöken, bis ihre kleinen Schäfchen zu ihnen fanden. Dies war
sehr eindrücklich für jedes Kind, und sie hatten Mitleid mit
den kleinen Schäfchen, dass sie so lange herumirrten. Dieses

Schulprojekt führte ich mehr oder weniger intensiv fünf Jahre durch, denn Selbsterfahrenes wird vertieft aufgenommen und kann leichter weiter gegeben werden. Deshalb: Mit dem Kind handeln und jede Gelegenheit nutzen, um auch mit anderen Kindern zusammen zu sein.

Socken- und Hausarbeit

Seit 10 Jahren habe ich mit Martin kleine Arbeitseinheiten eingeführt, da er so beflissen ist und gern arbeitet. Ich bin mit Martin mit einem Körbchen in den Keller gegangen und wir haben unsere trockenen Socken vom Wäscheständer abgenommen und diese ins Schulzimmer getragen. Der neue Begriff „Socken" wurde eingeführt. Wir haben uns gegenseitig unsere Socken angeschaut, die wir trugen. Danach gab ich Martin eine klare Einführung, was es mit der Sockenarbeit auf sich hat. Da alle Socken auf links gewaschen werden, müssen diese auch erst nach rechts umgestülpt werden. Je klarer das Vorgehen desto effektiver das Resultat.

Nun kam eine große Anforderung auf Martin zu. Es gab ja so viele verschiedene Socken, kurze und lange, helle und dunkle, Socken mit Muster oder Streifen. Auch hatten die Socken verschiedene Qualität, z.B. Baumwolle oder Frottee, d.h. auch wenn beide Socken weiß waren, gehörten sie doch nicht zusammen! Doch all diese Unterscheidungen lernte Martin innerhalb von ein bis zwei Monaten und führt diese Arbeit nun exakt aus. Er hat auch mit Freude Löcher entdeckt beim Umdrehen der Socken. Diese Socken müssen aussortiert werden. Dies begriff Martin schnell, aber nicht ohne vorher das Loch ausgiebig mit seinen Fingern zu untersuchen. Die Begriffsbildung hat bei dieser Arbeit einen hohen Stellenwert: Das Festigen von Begriffen und die Einführung neuer Begriffe, wie kurz, lang, bunt, alle Farbgebungen (wenn sie wahrgenommen werden können), Loch/Löcher, Zahlenbegriff, Menge, ein Paar sind zwei Socken, die zusammengehören. Zudem weiß Martin jetzt auch, wo die einzelnen Paare versorgt werden.

Zur Erweiterung ließ ich die gewaschenen Socken in der Waschmaschinentrommel liegen, die Martin selbst aufzuhängen hat. Auch hier gilt immer eine klare Einführung, danach hält sich Martin an die Kriterien. Bei seinem nächsten Kommen soll er nun die trockenen Socken selbst aus dem Keller holen. Manchmal fehlt ein Socken und wir gehen gemeinsam auf die Suche. Entweder hängt er noch auf dem Wäscheständer, oder er liegt in der Trommel oder Martin hat den Socken auf dem Weg ins Schulzimmer verloren. Der neue Begriff „Vergessen" wird eingeführt und der Begriff „Suchen" wird wieder gefestigt. Auch dieses Suchen ist kein einfacher Schritt für Martin. Zuerst muss Martin klar sein, dass etwas fehlt, dann, was fehlt, und wo er suchen könnte. Er muss gedanklich mitgehen können, um aktiv zu werden. Deshalb ist für die erste Zeit Begleitung notwendig, danach nur Hilfestellung, dann Beobachtung aus der Ferne. Danach erfolgt der Schritt des Alleingangs. Wir müssen uns bewusst sein, dass wir all diese Handlungen in den Alltag einbeziehen. Deshalb sind Elterngespräche so wichtig, wo wir Anleitung und Hilfen geben müssen. Denn das Lernen findet durchgehend statt, nicht nur in der Schulstunde. In den Schulstunden kann etwas angebahnt, gefestigt durch Zeichnung, Symbole und Schrift festgehalten oder durch Hilfsmittel verdeutlicht werden. Doch grundsätzlich gilt, alles durch den Tag hindurch einbetten, sinnvolle, interessante Gelegenheiten suchen und schaffen. Dies alles muss auch regelmäßig geschehen und sich nicht vom Tagesgeschehen treiben lassen und dadurch die wichtigen Momente der Kommunikation verpassen. Wir müssen sensibel werden, auch für die noch so kleinen Andeutungen unserer Kinder und ihnen beim Einstieg mit unserem Schwung und Elan helfen.

Briefe schreiben

Martin gebärdet oft für sich, z.b. wenn er den Kalender betrachtet oder wenn er vor seinem Arbeitsblatt sitzt. Aus diesem
Geschehen heraus fordere ich ihn nun vermehrt auf: „Martin,
schreibe, Christa möchte lesen"! Immer hielten wir diese kleinen Wortspiele auf unseren Arbeitsblättern fest. Dies gilt z.Z.
für einzelne Worte und Begriffe, und diese stehen für ganze
Abläufe und Handlungen für das, was ihn bewegt.

Sein erstes Anliegen war, mir mitzuteilen, wer ihn im Taxi zu
mir gebracht hat. Martin spellte* immer und immer wieder
den Vornamen des jeweiligen Fahrers. Seine Mitteilung an
mich war nun: „Karl". Ich bejahte dies und forderte ihn auf,
schreibe. Mit der Zeit schrieb er: Karl kommt. Nun verhalf
ich ihm: Karl kommt mit Taxi. Da der Drang von Martin kam,
verhalf ich ihm nun kleine Mitteilungen korrekt zu schreiben.
So führe ich nach und nach einzelne verbindende Wörter,
wie „mit, zu, auf, in, und ...." ein. Es ist mir klar, dass dies ein
schwerer Schritt für Martins Gedankenwelt ist, doch da sein
Mitteilungsbedürfnis nun zu erwachen scheint, gehen wir
diesen Schritt. Vor einem Jahr begann ich deshalb, die Informationen aus dem Mitteilungsheft der Eltern ihn miterleben
zu lassen. Ich spreche zu Martin: „ Papa schreibt, Christa liest
". In einfacher Weise teile ich Martin die Mitteilungen seiner
Eltern mit, oder ich frage nach, wenn ich annehme, dass er
dies oder jenes wissen könnte. Im Gebärdenbuch suchen wir
unsere neuen Gebärden, die wir gemeinsam im Schulalltag
einfließen lassen und die wir wiederum Papa und Mama mitteilen. Jetzt ist Martin bereit, auch weiter daran zu arbeiten,

z.B. „Martin kommt mit Karl im Taxi zu Christa". Das aktuelle Geschehen ist für Martin wichtig. So beginnen wir nun, einen regelmäßigen Briefkontakt mit den Eltern aufzubauen. Martin schreibt: „Sonntag 29. November 1.Advent Mama 1 Kerze", oder einfach „ Martin hat Mama und Papa lieb ". Im nächsten Brief: 6. Dezember kommt Nikolaus in Martin Haus. Martin „Freude". Die Gebärden von Martin kann man deuten und einigermaßen gut erkennen, jedoch im Handalphabet müssen wir sehr flexibel sein, da er oft die Buchstaben-Reihung irgendwie vornimmt. Meist können wir jedoch erahnen, was er uns mitteilen möchte, da wir ja sein Tagesgeschehen kennen, ebenso seine Kommunikationsmöglichkeiten. Jetzt müssen wir seine Kommunikation sehr unterstützen, verfolgen und ausbauen. Die Einführung möglicher Spellwörter ist daher sehr wichtig und immer anhand mit dem Schriftbild durchzuführen. Dieser Aufbau wird mit dem Briefaustausch ganz besonders gefördert. Der Brief kommt zu Haus an, Martin erkennt ihn wieder, Mama oder Papa lesen ihn mit ihm und Martin hat Freude, ihn den Eltern „vorzulesen". Durch das Lob der Eltern wird Martin gestärkt. Die Übung erfolgt also doppelt innerhalb weniger Tage und die Motivation ist gegeben. Es ist ein Hin- und Hergeben bzw. Schenken. Die Eltern arbeiten nun auch zu Haus in dieser Richtung, und dies fruchtet. Vielleicht greift Martin diese neue Form der Kommunikation einmal in Eigeninitiative auf. In Ergänzung zu meinem früheren Bericht „Was macht ein Briefträger?" findet hier eine Erweiterung und Festigung seines Verständnisses für einen Briefwechsel statt.

Martin ist jetzt bereits 30 Jahre und erlangt nun in seinem Leben diese Erweiterung der Kommunikation. Welch erfreuliche

Erfahrung für uns, besonders aber für Martin! Er zeigt und beweist uns wirklich lebenslanges Lernen.

Kleine Freuden im Alltag

Martin kann sie noch voll wahrnehmen. Er bewegt sich durch alle Räume beflissen, besonders wenn er einen Auftrag erhält, den er sofort versteht und bei dem er schon gute Erfahrungen erlebt hat, z.b. wir gehen zur Oma, Haus 4, und geben etwas ab. Meistens bekommt er ein Täfelchen Schokolade. Er gebärdet daraufhin sofort „Danke" und zeigt große Freude. Er gebärdet aber auch „Danke", wenn er ein Geschenk gibt. Entweder möchte er, dass sich der andere auch bedankt, und er erinnert ihn daran, oder für ihn ist der Begriff noch nicht getrennt und steht noch für Geben und Nehmen. Jedenfalls ist er in seinem freudigen Tun so eifrig beschäftigt, und es interessiert ihn sehr, wenn der Beschenkte sein Geschenk sofort auspackt. Er schaut intensiv zu, obwohl er den Inhalt des Geschenkes kennt. Er achtet dann sehr darauf, ob sich die Freude auch beim Gegenüber zeigt. So erlebt er bei der Geschenkübergabe doppelte Freude. Martin genießt die Erwartungsfreude noch direkt. Wenn ich ihn beim Essen frage, möchtest du noch etwas, und er gebärdet „Ja, Ja", und ich ihm dann diesen Wunsch erfülle, strahlt und lacht er erfüllend. Ebenso beim Dessert, wenn er selbst bestimmen kann, was und wie viel. Oft erfreut er sich noch lange über das Essen hinaus.

Er sitzt am Arbeitstisch vor seinem Jahreskalender und gebärdet vor sich her, spricht gedanklich mit sich. Ich setze mich zu ihm und frage ihn: „Was möchtest du sagen?" Nachdem ich sehe, dass er mit dem Finger immer wieder auf einen Tag im Kalender zeigt, gebärdet er mir: „Mama und Papa

Geburtstag". Nachdem ich dies bestätige, zeigt er Freude und lacht. Martin versteht nun auch einfaches Spaßgeschehen und kann dies auch mit der Spaßgebärde bezeichnen. Er kann sich dann über geraume Zeit noch daran erfreuen. Obwohl die gegebene Situation schon längst vorbei ist, erzählt er immer wieder davon. Selbst der Auftrag, Martin mach Licht an, erfreut ihn so, dass er ihn lachend und schnellen Schrittes ausführt. Da Martin so freudig dem Leben zugewandt ist, macht ihm das Lernen den ganzen Schulalltag hindurch Spaß. Er ist aufmerksam und er kurbelt seine eigene Motivation ständig an und kommt dadurch auch nicht in Stress. Ich erlebe Martin als ein zufriedenes, ausgeglichenes Kind, was auf immer „Mehr" wartet.

Ereignis- und Wissensordner

Für besondere Ereignisse, die im Tagesablauf stattfinden oder einfach geschehen, haben wir einen Ereignisordner angelegt. All diese Ereignisse halten wir zeichnerisch fest und beschriften sie. Dabei sind auch immer wieder neue Gebärden und Schriftbilder notwendig, z.B. ein plötzlich hereinbrechendes Naturereignis, ein Gewitter, starke Regengüsse oder ein Sturm. Eines Tages fanden wir einen toten Vogel in unserem Garten, den wir begruben. Nach einem nächtlichen Sturm waren einige größere Äste der Bäume heruntergekommen, die wir zu unserem Holzklotz zogen, die bei der nächsten Gartenarbeit zersägt werden. In unserem Schulprojekt war das besondere Ereignis, als die Schafe geschoren wurden. Auch bei unseren kleinen Exkursionen haben wir Erlebnisse. Nicht alles kann festgehalten werden. Manches erleben wir wieder, und dadurch wird es ins Leben einbezogen. Die schon bekannten Begriffe werden dadurch mit neuem Inhalt gefüllt, die Kommunikation wird erweitert und schneller abrufbar.

Um Martins Wissen zu erweitern, sein Mitdenken anzuregen und die Kommunikation zu pflegen, suche und sammle ich markante, aussagekräftige, klar erkennbare Bilder oder Fotos, die ich gegebenenfalls vergrößere. Diese Bilder lege ich Martin vor und wir betrachten sie gemeinsam. Nach längerem Betrachten befrage ich Martin: „Was siehst du?" Wenn Martin ein Merkmal erkennt, frage ich weiter „Und was siehst du noch?" Ich frage so lange, bis alle Kriterien erkannt und benannt wurden. Danach beschriften wir das Bild in einfacher Weise. Dann liest Martin das Geschriebene und wir schauen uns das Bild nochmals genau an. wobei mir Martin ein weiteres Mal die Merkmale bekundet. Danach heften wir das Blatt ab. Dieser Ordner steht Martin immer zum Ansehen und Lesen zur Verfügung.

Gemeinschaft

In Martins Elternhaus wird der regelmäßige Kirchgang gepflegt. In der Kirchengemeinde ist Martin integriert, er ist
bekannt und angenommen. Die großen Feste der Christen-
heit erwartet Martin mit innerer Freude. Das Weihnachtsfest
kann nicht früh genug für ihn vorbereitet werden. Er liebt
gleichbleibende Abläufe bei den Vorbereitungen. Hier finden
Martin und unsere uns anvertrauten Kinder Orientierung
und Halt: Zusammensein, ein Hände-Geben, Im-Kreis-Sitzen,
eine Begrüßung jedes Einzelnen mit seinem Namen, sodass
Verbundenheit wachsen kann, Zusammen-Musizieren, ein
Lied-Gebärden, was ich auch vor den Mahlzeiten mit Martin
vornehme. Seit vielen Jahren erbringt er nun selbst dieses
Danklied mit 18 Gebärden in der richtigen Reihenfolge.

Werkstattprojekt

Seit einem Jahr beteilige ich mich an einem humanitären Hilfsprojekt unserer Kirchengemeinde. Wir stricken Baumwollbinden für eine Leprakolonie in Ägypten. An diesen Binden müssen Bänder angebracht werden, um sie nach dem Anlegen zubinden zu können. So habe ich mit Martin die Gelegenheit erfasst, ihn in das Projekt einzubinden. Ich häkele mit Martin dieses Band, das eine Länge von 60 bis 70 cm haben soll. Wir nehmen einen Stab zur Hilfe, der diese Länge aufweist. Danach sucht Martin im Band die Mitte, sodass es doppelt liegt. Dann führe ich seine Hand mit der Häkelnadel durch die gestrickte Binde und lasse ihn die Häkelnadel mit dem Band durchziehen. Dabei entsteht eine Schlaufe, wo er die beiden Enden durchziehen und festziehen muss. Nun wickelt Martin die gesamte Binde fest auf, legt die Bänder um die Binde, verknotet sie und bindet eine Schleife. Dies ist kein einfaches Vorgehen für Martin, doch er wird immer stabiler. Jede Binde kommt für sich in einen Plastikbeutel, der durch einen Falz fest verschlossen werden muss. Martin vergewissert sich dabei einige Male, ob der Beutel wirklich geschlossen ist. Danach werden die Binden in einen bereitstehenden Karton ordentlich eingelegt. All diese Handgriffe, die gesamte Handhabung, erledigt Martin nach geraumer Zeit fast selbständig, bis auf das Häkeln und das Durchziehen des Bandes. Ich bin guten Mutes, dass er auch darin noch Fortschritte machen wird. Im neuen Jahr werde ich zusammen mit Martin auch eine Binde stricken. Dies wird ein längerfristiges Programm werden. Wenn ich sehe, wie beflissen und freudig Martin sich diesem Tun hingibt, geht mir das Herz auf, und Dankbarkeit empfinde ich, ihn so zufrieden und glücklich zu sehen. Meine Aufgabe ist, Martin´s Aufmerksamkeit zu fordern und zu fördern durch Aufgaben und kleine Tätigkeiten, um ihn von unerwünschten Gewohnheiten (Stereotypien) abzulenken, die ihn am Lernen hindern. Stereotypien lassen sich nicht einfach oder sofort abstellen, doch je mehr Zuwendung und Aufmerksamkeit wir dem Kind entgegenbringen und sie in unseren Tagesablauf einbeziehen, desto mehr wirken wir dagegen.

Martin hat nun nach einem weiteren halben Jahr der Tätigkeit in diesem Projekt gelernt, das Band selbst durch die Binde zu ziehen. Es ist wirklich ein geduldiges Tun, das er bei diesem Vorgang leistet. Zum Weiteren möchten wir nun zum kommenden Weihnachtsfest die Eltern mit einer fertiggestellten, gestrickten Binde erfreuen. In einem Jahr werden wir die Binde mit Hilfe meiner Handführung fertigstellen, immer wieder vier bis fünf Nadeln mit 20 Maschen stricken. Martin liebt diese Tätigkeit und fordert die Arbeit an. Er gebärdet: Binde-Arbeit, Stricken. Mama und Papa Weihnachtsgeschenk. Hier beweist Martin wirklich die Kontinuität, an einer Sache zu bleiben. Er erlebt sich im Wachsen der Binde. Wir vergleichen auch immer wieder die Länge mit einer von mir fertiggestellten Binde, indem wir sie neben einander legen und er den Abstand gut überblicken kann. Und wir konnten tatsächlich eine Binde fertigstellen, die Martin Weihnachten 2010 mit großer Erwartungshaltung den Eltern übereichen konnte. Die Eltern waren sehr überrascht mit diesem Geschenk und würdigten es herzlich.

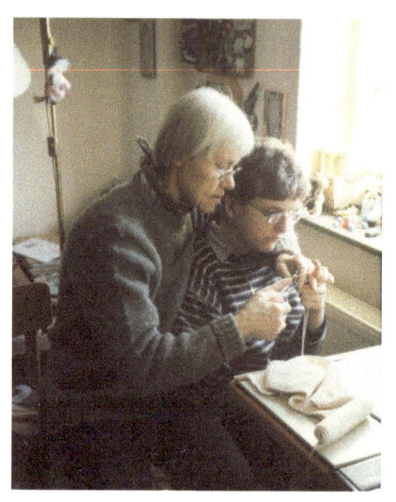

Isoliertheit durchbrechen

Durch die Einschränkungen Martins, Hörsehbehinderung, schwere Herzproblematik, das Hineingeworfen-Sein in die Leere und Stille, war seine Isoliertheit gravierend. Wohin konnte er sich ausrichten, wenn das Auge nichts trifft und die Stille ihn gefangen hält?

Kleinkinder gehen neugierig auf Entdeckung und manipulieren freudig mit Gegenständen. Bei unseren Kindern fehlt der freudige Anreiz, alles ist schwer, diffus und Angst einflößend, ihnen fehlt der Mitmensch als Spiegel. Zum bewussten Erleben von Raum und Zeit muss ein Kind sein nahes Umfeld wirklich erfassen können. Vom bloßen Berühren der Oberflächen bis hin zum Erkennen von Formen und Gegenständen ist es ein langer, mühsamer Weg. Wer mit Kindern diesen Weg beschreitet, sollte Kreativität, Geduld, Wissen, Wachheit und vielseitiges Engagement mitbringen, um die Entwicklung anzubahnen und zur Entfaltung zu bringen. Dadurch verhelfen wir ihnen zum Auskundschaften ihres Umfeldes. Die Persönlichkeit nimmt Gestalt an, indem wir die Isoliertheit durchbrechen, so öffnen wir auch die Kanäle für eine neue Aufmerksamkeit für die Außenwelt. Seien wir uns bewusst, dass die Kinder die Situationen, in die wir sie bringen, nicht überblicken können, dass sie das Wesentliche nicht vom Unwesentlichen unterscheiden können und dass dadurch auch ihre Aufmerksamkeit schwankt. Deshalb müssen wir sehr wach die momentanen Interessenimpulse der Kinder wahrnehmen, besondere Neigungen vom Kind aufnehmen und ausbauen. Wir müssen bestrebt sein, strukturelle Übersicht der Sachverhalte zu vermitteln. Die täglichen, unzähligen Abläufe und Handlungen bieten uns reichlich Ansatzpunkte und Möglichkeiten. Hier lernen unsere Kinder mit unserer Hilfe auch langsam, das typische Merkmal aus einer Situation herauszunehmen, sodass wir es dann auch außerhalb der Situation einsetzen können, um es ins Bewusstsein zu rufen, sei es durch eine Gebärde, eine Handhabung, einen Gegenstand oder eine Geruchsempfindung. Wichtig ist, dass Erinnern und das Wachhalten dieser Situation. Hier beginnt dann auch die Kommunikation, mit Zeichen sprechen zu können. Die Vorfreude beginnt zu wachsen und die Erwartungshaltung als bereichernder Anteil wirkt als Stimulus. Bei den Handlungsfreiräumen für unsere Kinder müssen wir bedenken, dass sie ihre eigene Individualität entfalten können, sich äußern können auf ihre ganz eigene Weise.

Martin erlebe ich als ein Kind der Ruhe und der liebevollen Ausstrahlung. Er lehrt uns Geduld und die Kunst des Wartens. Den Beistand, die Hilfe, die wir ihm geben, gibt er uns als Geschenk zurück, indem er sich vertrauensvoll in die Situationen des Alltags mit der jeweiligen Bezugsperson hineingibt. Er zeigt uns ganz offen und natürlich seine Freuden und lässt uns daran teilhaben. Martins sonniges Gemüt, seine Offenheit und Reinheit, leuchtet auch aus seinen trüben Augen. Er ist einfach da, er sucht die Nähe von uns und erfreut sich, an den Dingen, die durch uns in Bewegung gesetzt werden.

Für die Eltern war und ist es ein Wunder, ihn bei sich zu haben. Sie sind glücklich, dass Martin trotz seiner erheblichen Beeinträchtigungen immer wieder kleine und große Freuden empfangen konnte und kann. Für mich ist klar: Ohne die liebevolle eingebettete Annahme seiner Eltern hätte Martin diese Entwicklung nicht vollziehen können.

Um Dinge in Bewegung zu setzen, muss man gefordert werden. Dies geschieht auch durch Martin an uns und umgekehrt. Wir können wirklich sagen: Bei Martin ist es uns gelungen, ihn aus der Isolation zu führen. Eine Integration ist gelungen, wenn sie dem Kind erlaubt, seine Möglichkeiten optimal auszuschöpfen und einzusetzen.

Martin in Aktion

Behinderung –
Einengung oder Gemeinsamkeiten?

Der Morgen erwacht, mein liebes Kind,
wie kann ich dir kundtun,
dass die Erd´ voll Licht und Farben schwingt.
Dein Blick ist nicht offen der Welt zugewandt,
nach innen du schaust, fern ist mir dies Land.

Gib mir ab von deiner „inneren Schau",
so will ich erzählen vom „äußeren Blau".
Haben wir Gemeinsames, so sind wir beglückt
und einander ein Stück näher gerückt.

Christa Gensch-Busse

Vibratorisches Erleben

Nachtrag, Dezember 2022

Jetzt bin ich bereits 35 Jahre um Martin, er ist 43 Jahre, und ich bin dankbar, ihn noch hilfreich begleiten zu dürfen und zu können.

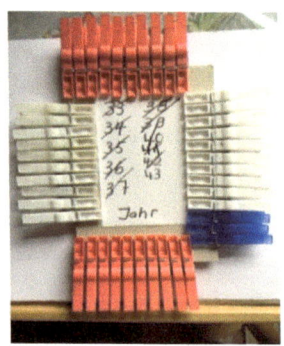

Ich habe in all den Jahren einen Weg zu ihm gefunden, in dem wir uns in unseren Gefühlen treffen und ich seine Wünsche und Absichten erkenne. Doch ich sah auch die Abgeschiedenheit, wenn er in seiner Ganzheit nicht verstanden wird, den Leerraum, der sich auftut, wenn er einfach mitgenommen wird, ohne dass eine innere Anteilnahme/Beziehung zu ihm besteht/gegeben wird. Hier ist er ausgeliefert/abgestellt, der überspringende Funke fehlt, der alles entzündet.

Und jetzt: Es ist für mich mit Freude zu sehen, zu erleben, wie freudig er durchs Leben geht, wie er mit Aufmerksamkeit und Neugier sein Leben bereichert. Er lernt monatlich einige neue Gebärden und Schriftbilder. Die begleitende Gartenarbeit ist zu seinem Hobby geworden. Er spürt die

Nähe zum Material und erlebt sich im Tun und zeigt sein Erfüllt-Sein freudig an. Die Handfertigkeiten und der grobe Krafteinsatz haben sich gut entwickelt, sodass bereits die Gartenschere zum Einsatz kommt. Er harkt freudig und ausdauernd Laub zusammen, füllt den Eimer und leert ihn in den Laubsack. Er setzt den Besen zum Fegen richtig ein. Er zeigt besonderes Interesse und Freude, bei kleinen Reparaturen im Haus mitzuwirken.

Martin liebt alle Bewegungsspiele, gymnastische Übungen und Ballspiele. Er führt diese Bewegungsabläufe auch selbst aus, wenn ich ihm den Auftrag gebe oder ihn daran erinnere. Handballspiel ist jetzt gut möglich bei einem Zuwurf in Brusthöhe mit einem griffigem Ball, ca. 25 cm Durchmesser, und einem Abstand von 2 ½ bis 3 m. Martin winkelt dabei seine Arme an den Körper an und hält sie fangbereit. Er gibt sich sehr Mühe, alles gut durchzuführen, er lässt sich auf Neues ein, akzeptiert auch Korrekturen.

Martin will tätig werden: Er zerkleinert selbständig Gemüse bei der Essensvorbereitung, er trocknet gern das gewaschene Geschirr ab und versorgt es an dem rechten Platz. Martin findet aber auch Tätigkeiten, die ihm, dem Entdecker, Freude bereiten, für uns aber keinen Sinn ergeben, z. B. an den Heizkörperventilen zu drehen und die Wohnung des Nachts zu beleuchten. Der innere Drang, sich zu beschäftigen, und sein Neugier-Verhalten treiben ihn an – ein gesunder Entwicklungstrieb. In seinen Möglichkeiten übernimmt Martin Verantwortung, jedenfalls kann man sich auf ihn in den alltäglichen Situationen und Abläufen des Tages verlassen, was eingeübt zur Gewohnheit wurde. Martin folgert und denkt mit in gewohnten Tätigkeiten, sei es im Garten, Haus oder Küche, wie es im Ablauf weitergehen könnte.

Zu Martins Persönlichkeitsentwicklung: Er hat sein „Ich" entdeckt und behauptet sich darin und versucht, mit Nachdruck seine Wünsche durchzusetzen, dass er dies oder jenes allein machen möchte. Manchmal kommt es zu kleinen Machtkämpfen im familiären Bereich. Es ist gut möglich, mit Martin über Vergangenes und Zukünftiges zu sprechen, unterstützt mit Aufzeichnungen des Tagebuches oder der jeweiligen Arbeitsblätter. Martin erträgt Schmerzen: Arztbesuche sind gut zu bewältigen. Er leistet keinen Widerstand, im Gegenteil, er ist neugierig und interessiert: Was läuft hier ab? Martin hilft gern, er ist immer bereit, sich einbinden zu lassen. In seinem Verhalten ist Martin gut zu führen, sein freudiges, noch kindliches Wesen machen es uns leicht, auch in der Öffentlichkeit mit ihm zu sein, sich zu bewegen.

Martin hat nun wirklich seinen Raum und Stand gefunden. Wenn Martin liebevoll weiterbegleitet wird, verstanden wird in seinem Wesen, und mit ihm genügend kommuniziert wird auf seinem Niveau, ist er ausgeglichen und ein treuer kleiner Helfer im Haushalt, Küche und nahem Umfeld. Zu Hause wird mit Martin überwiegend gebärdet und weniger mit Hilfe des Fingeralphabets kommuniziert. Ich kommuniziere mit Martin mittels Fingeralphabet, Schriftbild und Gebärde. Bei der Einführung neuer Begriffe bekommt Martin zuerst die Gebärde und anschließend das Schriftbild mit dem Fingeralphabet angeboten. Er liebt Aufträge, die er allein ausführen kann. Martin ist gut integriert, er lebt nicht mehr isoliert, doch wir müssen wachsam bleiben. Ein freudiges Auf-ihn-Zugehen, stabile Bezugspersonen mit emotionaler Schwingung, öffnet seine Aufmerksamkeit und motivieren ihn. Wenn dieses Begleiten fehlt, verfällt er leicht in Lethargie, Stereotypien und Müdigkeit.

Danksagung

Besonders danke ich meinem lieben Ehemann für seine Hilfe, seine Bereitwilligkeit und sein einfühlsames Verständnis für diese Thematik.

Danksagen möchte ich all den Kindern, die zu mir kamen und die mich durch die Jahrzehnte hindurch belehrten und dadurch wegweisend für mein Leben waren.

Martins Eltern berichten

Mutter berichtet

Martin – Das Wunschkind

Warum klappte es nicht mit der Schwangerschaft? Wir wünschten uns doch so sehr ein Kind. ... Arztbesuche, Untersuchungen, eigentlich gab es keinen Grund, dass es nicht klappen konnte, Tabletten mit Gelbkörperhormonen, Untersuchung der Eileiter. ... Dann irgendwann der positive Schwangerschaftstest, am 11. 11. 78, dem Sankt Martins Tag. Falls es ein Junge wird, sollte er Martin heißen, nach Peters gefallenem Vater.

In der Schwangerschaft gab es einige Probleme, am Anfang wurde ein viel zu hoher Röteln-Titer gemessen. Aber ich war doch gesund? In der Schule gab es keine Röteln, ich hatte sie außerdem schon mit 14 Jahren gehabt. Es folgten sorgenvolle Wochen, eine Rötelninfektion am Anfang einer Schwangerschaft bedeutet Taubheit, Blindheit, geistige Behinderung und schweren Herzfehler des Babys! Der Titer blieb so hoch, das sprach gegen eine frische Infektion. In den ersten Monaten ging es mir ausgesprochen schlecht, dann wurde es besser, aber ich bekam im 4. Monat leichte Wehen. Sie hörten wieder auf und ich bekam einen Ring um den Gebärmutterhals, nichts Besonderes. Dann folgte eine schöne Zeit, bis es wieder beunruhigend wurde. Das Kind wuchs nicht mehr richtig! Ich musste eine Woche im Krankenhaus liegen und fühlte mich schrecklich. Dann schien alles wieder gut zu sein und ich durfte nach Hause. Wir hatten die Klinik in Berlin mit dem besten Ruf ausgesucht und einen sehr erfahrenen und bekannten Arzt. Durch die private Krankenkasse war das kein Problem.

Als dann am 8. Juli die Fruchtblase platzte, obwohl es noch nicht ganz so weit war, musste ich allerdings am Wochenende in die Klinik, wo mein Arzt frei hatte. Die Geburt dauerte 19 Stunden, von denen die letzten 6 schrecklich waren, da die Rückenmarksspritze nur halbseitig wirkte!!!! Peter war die ganze Zeit bei mir und versuchte, mich zu unterstützen. Die linke Bauchseite war betäubt, die rechte nicht. Und das Kind kam nicht, der Muttermund ging nur ganz langsam auf. Das Baby blieb stecken, der Kopf war wohl sehr groß. Langsam gab es immer mehr Panik, auch Sorge bei der Hebamme wegen der Herztöne. Für einen Kaiserschnitt war es zu spät. Sie holten Martin mit der Saugglocke. „Es ist ein Junge." Aber es gab keinen Schrei, kein Geräusch. „Er ist tot", rief ich. Alle Neugeborenen schreien doch!? Ich konnte nichts sehen. Dann legte man ihn mir auf die Brust. Er lebte, war aber total erschöpft, hatte die Augen geschlossen oder verdreht, bewegte sich nicht, war völlig apathisch. Der Arzt beruhigte mich, das läge an der langen anstrengenden Geburt. Offiziell hatte Martin alle Punkte der ersten Untersuchung bekommen, 10 Punkte! Nach kurzer Zeit kam er auf die Säuglingsstation. Mein Dammschnitt wurde genäht und dann blieb ich liegen, da kein Zimmer frei war..... Peter fuhr völlig erschöpft nach Hause. Später erzählte er mir, dass er auf dem Heimweg von einer tiefen Traurigkeit überfallen wurde, die er sich nur mit der Müdigkeit erklären konnte.

Ich lag immer noch irgendwo in einem Gang. Ein Arzt kam: „Machen Sie sich keine Sorgen, Ihr Kind ist in der Kinderklinik, es ist ein bisschen blau, hat wohl Fruchtwasser geschluckt, kein Grund zur Sorge, es ist nur eine Vorsichtsmaßnahme." Das war der Grund, dieses Krankenhaus gewählt zu haben, die Kinderklinik befand sich auf dem Gelände. Das bedeutete größtmögliche Sicherheit, falls es Probleme gab.

Ich kam auf ein Einzelzimmer, war einsam, voller Angst und Schmerzen. Es war schon Morgen. Irgendwann schleppte ich mich zum Telefon auf dem Gang und wollte in der Schule Bescheid sagen, dass ich einen Sohn hatte. Aber es wurde keine freudige Nachricht, denn ich hatte riesige Angst. Ich glaubte nicht an ein kleines Problem, irgendetwas stimmte überhaupt nicht. Da ich nicht laufen konnte, ließ ich mich in einem Rollstuhl zur Kinderklinik fahren. „Martin ...? Den gibt es hier nicht. Gehen Sie mal zur Intensivstation", sagte man mir. Also doch keine Vorsichtsmaßnahme! Intensivstation bedeutete höchste Gefahr.....

Ich weiß nicht mehr, wann ich ihn dann sehen durfte, winzig und doch riesig mit einem großen schiefen Kopf in einem Inkubator, total verkabelt, alle Monitore piepten, Schlauch in der Nase, Augen geschlossen oder verdreht.....

Martin war winzig, weil er zu klein und zu leicht für sein Geburtsalter war, und wirkte neben den anderen Frühchen doch riesig, weil die natürlich noch viel kleiner waren. Sein Kopf hatte eine seltsame Form, kein Wunder, dass er nicht allein durch den Geburtskanal gekommen war.

Später begleitete ich ihn zu einer Untersuchung und las auf der Akte etwas wie „Verdacht auf Hydrozephalus (Wasserkopf)". Es gab aber auch den Verdacht auf Mikrozephalus (zu kleines Gehirn).

Als Peter sich ein wenig erholt hatte, kam er wieder zu uns. Gemeinsam sprachen wir mit dem Professor. Seine erste Frage war: „Wie war das eigentlich damals mit Ihrem Röteln-Titer?" Wir gerieten in Panik: Taub, blind, geistig behindert, Herzfehler? Der Herzfehler zeichnete sich schon ab, man wusste nicht, was es war, aber es schien schlimm zu sein. Martin konnte nicht saugen, sein EKG war schlecht, das Blut hatte zu wenig Sauerstoff, er war leicht blau.... Die Ärzte wollten unsere Sorgen beruhigen und machten manchmal unwissentlich dadurch alles noch schlimmer. „Alle Babys sind blind", sagte mir einer, als ich darauf hinwies, dass Martin nicht fixieren konnte. Aber der Neugeborene meiner Bekannten, der zur gleichen Zeit geboren war, fixierte das Gesicht seiner Mutter, jedenfalls für kurze Zeit. Martins Augen bewegten sich, meist rollten sie nach oben weg und man sah das Weiße. Er schien nichts zu sehen und auch nichts zu hören. „Das kann man nicht überprüfen", wurde uns gesagt, „dazu ist er zu klein und schwach". Aber man konnte in den Inkubator hineinrufen und es gab keine Reaktion. Bevor ich nach Hause entlassen wurde, durfte ich Martin einmal auf den Arm nehmen, ganz vorsichtig, ein Sauerstoffgerät in der Hand. Es war wunderschön und bewegend.

Meine Mutter weinte mit mir, meine Freundinnen am Telefon auch, aber Peters Mutter durfte es nicht erfahren. Auch sie hatte sich sehr gefreut. Im Mai war bei ihr überraschend Schilddrüsenkrebs festgestellt worden. Sie wurde operiert, verlor ihre Stimme und hatte einen Schlauch im Hals. Nach

Martins Geburt erfuhr sie, dass sie die Kanüle nie wieder loswerden würde. Plötzlich verfiel sie, obwohl sie vorher das blühende Leben gewesen war und auch noch nicht alt. Peters Schwester bat uns, seine Mutter zu belügen und ihr von einem gesunden Kind zu erzählen, da sie bald sterben würde..... Glücklicherweise ließen wir uns nicht darauf ein. Mutter lebte noch bis zum 2. 12. 1979. Sie starb mit nur 62 Jahren. Sie erfuhr aber nur einen Teil der Wahrheit, dass Martin einen schweren Herzfehler hätte, aber später operiert werden könnte. Auf diese Weise konnten wir ihr auch Fotos von dem süßen Baby mit dem Schlauch in der Nase schicken. Die anderen Probleme mit Augen, Ohren und Gehirn verschwiegen wir. Auf diese Weise konnte sie sich etwas freuen und Hoffnung haben. Sie hat Martin nie gesehen. Da sie immer Pflegekinder gehabt hatte, wäre sie eine Superoma gewesen, die sicher oft aus Kiel zu Besuch gekommen wäre.

Mein Vater hat Martin einmal gesehen, er hat verstanden, dass ich einen Sohn habe und er freute sich. Zu dem Zeitpunkt hatte mein Vater etwas wie Alzheimer, eine Krankheit, die damals keinen Namen hatte, aber sehr schnell fortschritt. Im April bei meinem Geburtstag fragte er: „Wer ist denn die dicke Frau auf dem Sofa"? Das war ich. Manchmal erkannte er uns, dann wurde es schnell schlimmer. Mein Vater starb im September, als Martin noch in seinem zweiten Krankenhaus lebte.

Durch die Krankheit meines Vaters, die meine Mutter nicht verstand, und durch den Kummer und Stress war sie uns keine große Hilfe. Sie war verzweifelt, dass ihrer Tochter so etwas Schreckliches passiert war und flüchtete sich zeitweise in den Alkohol. Dann hoffte sie, dass Martin bald sterben möge, damit er nicht weiter leiden müsste und ich auch nicht. Dass sie mir das immer ungefragt mitteilte, belastete mich sehr.

Als ich nach Hause kam, ohne Baby, fiel ich in ein tiefes Loch. Am liebsten wäre ich tot gewesen, aber was wäre dann aus meinem Kind geworden und auch aus Peter? Der wollte ja leben. Einen großen Teil des Tages verbrachte ich bei Martin in der Klinik. Peter kam auch so oft wie es seine Arbeit zuließ. Ich lieh mir eine elektrische Milchpumpe und brachte meine Milch ins Krankenhaus, wo Martin sie durch eine Sonde bekam.

Ich schreibe im Moment aus dem Gedächtnis, es ist alles 29 Jahre her. Wenn ich versuche, in Martins Tagebuch nachzulesen, bekomme ich einen Weinkrampf … Ich habe damals viel geschrieben und das Buch ist voll Verzweiflung, Angst und aberwitziger Hoffnung.

Martins Zeit im Krankenhaus

Es ging eigentlich immer auf und ab. Die Blutwerte waren schlecht, Martin nahm ab, er produzierte sehr viel Schleim und musste dauernd abgesaugt werden, dann ging es mal kurz besser, dann wieder schlechter. Er lagerte Wasser ein, bekam Ödeme, dann Medikamente dagegen, die auf den Kreislauf gingen. Immer wieder piepte der Monitor Alarm! Als es besonders schlimm aussah, habe ich Martin mit ein wenig Wasser in seinem Inkubator getauft.

Als er drei Wochen alt war, versuchten die Schwestern, ihm die Flasche zu geben. Er bekam 12 Mahlzeiten am Tag, schaffte aber immer nur 20 Gramm und war dann total erschöpft. Vor jedem Versuch musste der Schleim abgesaugt werden, was immer ein großer Stress für ihn war und wegen seines Weinens gleich wieder neuen Schleim produzierte. Außerdem übergab er sich sehr oft. In der Zwischenzeit schlief er viel.

Manche der anderen Babys neben ihm starben. Am nächsten Tag fehlte wieder ein Frühgeborenes.... Einige der Schwestern wirkten total desinteressiert, kauten dauernd Kaugummi und zeigten schlechte Laune. Ich hatte den Eindruck, dass sie mich nicht mochten. Mütter auf der Intensivstation störten die Routine. Vielleicht war das Desinteresse eine Art Schutz, um nicht zu viel mitleiden zu müssen?

Wir litten Qualen gemeinsam mit Martin, wenn er augenscheinlich Schmerzen hatte, sich krümmte und weinte, es schien mit der Nahrung zusammenzuhängen.

Die ersten Untersuchungen des Augenarztes brachten keine richtigen Ergebnisse, weil Martin die Augen verdrehte, aber irgendetwas am Augenhintergrund schien nicht in Ordnung zu sein. Am 28. 8. 1979 kam dann das Resultat: „Ich muss Ihnen leider mitteilen, dass Ihr Kind auf beiden Augen blind ist."

Was sollte nun werden? Wir hatten vorher immer noch eine winzige Hoffnung gehabt. Und doch brachte ich automatisch mein Gesicht dicht an seine Augen, wenn er sie öffnete und wir redeten mit ihm, obwohl er uns nicht zu hören schien.

Wenn ich mir vorstellte, wie sein Leben sein würde, schwarz und stumm, musste ich immer weinen.

In dem Buch über Helen Keller hatte ich gelesen: „Ein Schicksal, grausamer als der Tod, war ihr bestimmt"....

Dann wäre der Tod für Martin eine Erlösung? Meine Freundin und sicher auch meine Mutter beteten dafür. Aber ich fürchtete mich davor, denn Martin gehörte schon so zu meinem Leben. Ich konnte mir nicht vorstellen, dass er nicht mehr da war und hatte auch eine furchtbare Angst vor seinem vielleicht qualvollen Tod. ------ Die habe ich immer noch, auch wenn er jetzt 30 Jahre alt ist.

Am 6. 9. 79 wurde Martin dann in das Kaiserin Auguste Victoria Krankenhaus (KAVH) verlegt, wo auch der notwendige Herzkatheter gemacht wurde. Diagnose: Transposition (Vertauschung) der großen Gefäße und 2 Löcher. Das sauerstoffreiche Blut ging zur Lunge zurück und das sauerstoffarme in den Körperkreislauf. Die Löcher im Herzen hatten ihm das Überleben ermöglicht. Eines wurde mit dem Katheter noch erweitert, damit sich sein sauerstoffarmes und sauerstoffreiches Blut besser mischen konnte und er auf diese Weise etwas mehr Sauerstoff in seinen Körper bekam. Eine Operation schien nicht in Frage zu kommen.

Dann teilte uns auch der Audiologe mit, dass Martin höchstwahrscheinlich taub wäre. Seine Hörgrenze läge vielleicht bei 89db (Straßenlärm direkt neben einem). Dann wurde die Aussage noch schlimmer: 100db , also praktisch taub. Weder für die Augen, noch für die Ohren, noch für den Herzfehler gab es die Möglichkeit einer Operation. Auch das EEG wies auf einen Hirnschaden hin.

Mit 2 Monaten wog Martin 3200Gramm. Wir gingen mit ihm im Kinderwagen spazieren, ich kannte schon den halben Schlosspark auswendig. Anfangs hatte er Angst und hat immer geweint, aber später merkte er, dass nichts passierte und schlief beim leisen Schaukeln des Wagens in der frischen Luft ein. Auch das Baden bereitete ihm nach einiger Zeit Freude. Ich verbrachte die meiste Zeit des Tages bei ihm im Krankenhaus und auch Peter kam immer nach der Arbeit. Martin lag nicht mehr im Inkubator und brauchte auch keinen Sauerstoff mehr. Er lernte, an seinen Fingern zu nuckeln, ließ aber den Daumen draußen. Aus der Flasche trinken konnte er immer nur ganz winzige Mengen, der größte Teil der Nahrung kam über die Sonde. Aber sie musste ganz langsam fließen und auch ganz oft, damit er die nötigen Kalorien bekam. Auch nachts wurde er alle 2 – 3 Stunden „gefüttert". Wir träumten davon, Martin nach Hause zu holen, aber wie sollten wir ihn ernähren? Niemand kann rund um die Uhr alle 2 – 3 Stunden eine neue Spritze mit Milch an die Perfusorpumpe hängen, ohne irgendwann zusammenzubrechen.

Martin und die Magensonde und wie er sie loswurde

Peter machte sich Gedanken, wie er das Problem technisch lösen könnte. Er erfand ein Gerät mit einer Schlauchpumpe und einem Motor, den man auf verschiedene Geschwindigkeiten einstellen konnte. Diese Teile musste er kaufen und diese Maschine bauen lassen. Auch hatten wir eine Methode des Abklopfens erlernt, wodurch Martin teilweise vom Schleim befreit wurde – ohne das schreckliche Absaugen. Dann könnten wir Martin vielleicht nach Hause holen.

Die Ärzte rieten uns nicht etwa zu, sondern sie erklärten uns, dass wir dadurch sein Leben sicher verkürzen würden, weil er zu Hause keine so intensive Überwachung und Pflege haben könnte. Sie rechneten mit einer Lebenserwartung von etwa 2 Jahren. Das Risiko wollten wir in Kauf nehmen und versuchen, ihm seine 2 Jahre so schön wie möglich zu machen.

Es dauerte noch eine Weile, bis die Maschine zur Ernährung gebaut war und bis Martin stabil genug schien um umzuziehen Uns war bewusst, dass wir auf unbestimmte Zeit nur noch angebunden sein würden und nicht mehr verreisen konnten. Und so entschlossen wir uns, mit viel Skrupel und Angst, noch eine Woche nach Mallorca zu fliegen, um uns zu erholen. Meine Schwägerin und meine Freundin wollten Martin in der Zeit im Krankenhaus versorgen. Alles ging gut und Martin hat die Zeit gut überstanden. Am 15. November 1979, im Alter von 4 Monaten, kam er dann in unsere Wohnung, wo das Babykörbchen mit der selbst genähten Wäsche auf ihn wartete. Es gibt ein schönes Foto von diesem Tag, seine kleinen Fingerchen umklammern ein weißes Wollschäfchen, das ich beim Kirchenbasar für ihn gekauft hatte, sein Gesicht ist zufrieden und entspannt, er schläft in seinem Körbchen unter dem Betthimmel.

Mit der Zeit wurde die Ernährung per Sonde schwieriger. Wir übten natürlich auch immer wieder, Martin über den Mund mit Flüssigkeit oder dünnem Brei zu füttern, aber auf kleine Fortschritte folgten schnell große Rückschritte, oft bedingt durch Erbrechen, Schleimentwicklung oder Erkältungen. Im Krankenhaus legten Schwestern die Sonden, Peter wurde von ihnen unterrichtet, ich lernte es nie. Der Schlauch wurde mit Pflaster an Martins Wange festgeklebt. Leider riss er sich die Sonde manchmal raus. Der „Pusten-Schluck-Reflex" ließ bei Martin nach, es wurde für uns fast unmöglich, die Sonde zu legen, es musste eine Schwester kommen oder wir mussten in die Klinik fahren. Wir mussten von der Sonden-Nahrung wegkommen, auch da Martin beim Erbrechen manchmal Blut dabei hatte.

Ab Februar 1981 war Martin mal mit und mal ohne Sonde. Wir fütterten ihn teilweise alle 15 – 30 Minuten, für jeweils 20 Gramm machte ich mir einen Strich in mein Heft. Es war sehr anstrengend für uns alle. Nach 5 Tagen ohne Sonde bekam Martin eine Angina und konnte nicht mehr trinken oder essen…. Ähnliches passierte immer wieder. Einige Tage ohne Sonde, dann krank und wieder mit Sonde. Die Anstrengung des „Selberessens" und der Mangel an Kalorien schwächten ihn anscheinend so, dass er schneller krank wurde.

Ab Mai 81 konnten wir Martin ohne Sonde ernähren. Im Schnitt kamen wir auf 800 Gramm pro Tag. Oft fütterten wir ihn alle 30 Minuten, manchmal seltener. Es hing davon ab, wieviel Nahrung er auf einmal aufnehmen konnte und wollte. Auch mit zwei Jahren war es noch nicht viel mehr. Auch musste er sich mindestens einmal pro Tag übergeben. Früher war es aber viel häufiger, 10-mal war keine Seltenheit!

Wir sind dankbar, dass Martin heute allein essen und trinken kann, wenn auch teilweise mit Problemen, dass er gerne lebt und viel lacht und dass er sein Leben genießen kann, wenn Menschen sich viel mit ihm beschäftigen.

In seinem späteren Leben folgten noch viele Krankenhausaufenthalte. Es gab zwei große Operationen am offenen Herzen, einen Krankenhausaufenthalt wegen unerklärlicher Herzprobleme, bis jetzt drei Schrittmacherimplantationen, zwei Kurzaufenthalte wegen Rhythmusstörungen, eine Operation wegen Hodenhochstand, einen Kurzaufenthalt nach einem Schädelbasisbruch, zwei Augenoperationen (oder Versuche der Operation) zur Entfernung einer getrübten Linse. Diese Zeiten empfanden wir alle als ausgesprochen belastend.

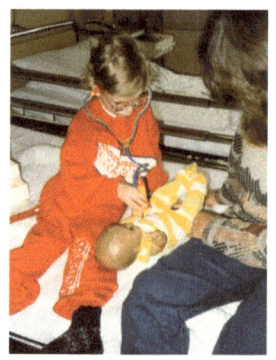

Glücklicherweise durfte immer jemand bei ihm sein und auch im Krankenhaus schlafen, teilweise auf einer Matratze auf dem Fußboden. Die Schwestern hätten ja ein taubblindes Kind, mit dem kaum Verständigung möglich war, gar nicht versorgen können. Und wir sind auch heute noch davon überzeugt, dass Martins Lebenswillen ohne unsere Anwesenheit und Liebe schnell nachgelassen hätte. Wir machten immer „fliegenden Wechsel", denn wir mussten ja auch beide arbeiten gehen. Manchmal sprang auch ein Aupairmädchen für einige Stunden ein. Planbare Operationen legten wir in meine Ferien. Auch Manuel, Martins Bruder, musste betreut werden. Er konnte am Nachmittag zeitweise zur Omi gebracht werden. Die Zeiten der Krankenhausaufenthalte waren für die ganze Familie eine extreme Belastung. Es gab auch immer Komplikationen.

Martin als Baby

Und wie ist es mit dem Essen?

Es sah nicht danach aus. In den ersten Monaten glich er eher einer Stoffpuppe, er konnte den Kopf nicht halten, lernte nicht krabbeln oder sitzen, war immer sehr schwach. Wenn ich versuchte, seine Füßchen den Boden berühren zu lassen, zog er die Beinchen an.

Das Essen- und Trinken-Lernen dauerte den Großteil von Martins Leben. Er hat heute noch Probleme beim Essen, jedenfalls bei bestimmten Lebensmitteln, z.B. Gemüse oder Reis. Nach einiger Zeit läuft ihm oft viel Speichel aus dem Mund. Martin versucht anscheinend, jedes Reiskorn einzeln zu kauen und zwar mit den Schneidezähnen. Einige Zähne sind leider ganz abgewetzt, da er viel knirscht. Nachts trägt er eine Knirschschiene, damit es nicht noch schlimmer wird, aber es wird langsam schlimmer, da seine Zähne ganz weich sind. Lange Zeit, bis er dann 18 Jahr alt war, trug er eine Spange, die ihn ziemlich belastete, die aber seine totale Kieferfehlstellung etwas behob. Er hatte vorher fast keine Berührung der oberen mit der unteren Zahnreihe hinten, das wurde durch die Spange besser und er lernte auch besser kauen. Leider verschlechterte sich der Zustand wieder. Bei ihm ist eben alles anders! Er bekommt seine letzten Backenzähne jetzt, mit 30 Jahren!

In seinem Tagebuch kann ich unsere Bemühungen lesen, ihm Trinken oder Essen beizubringen. Es gab immer mal wieder winzige Erfolge, die aber dann wieder durch eine Krankheit zunichte gemacht wurden. In den ersten 2 Jahren war Martin sehr viel krank. Außerdem litt er ganz häufig unter Erbrechen, besonders, wenn er selber getrunken oder gegessen hatte.

Als er mit viereinhalb Monaten nach Hause kam, konnte er an seinen Fingern nuckeln. Darauf stützten wir die Hoffnung, dass er auch an der Flasche nuckeln könnte. Aber er war entsetzt, dass da etwas raus kam! Das kannte er nicht! Dann lernte er es doch und konnte 20 Gramm trinken. Nach kurzer Zeit zu Hause bekam Martin eine Infektion und wurde so krank, dass es gefährlich war, nur Schleim und Erbrechen. Als es ihm wieder besser ging, blieb ein Problem: Man konnte seinen Mund nicht mehr berühren, ohne einen Würgereiz auszulösen.... Das Trinken war für lange Zeit vorbei. Mit 6 Monaten wog Martin 4 Kilogramm.

Die Taufe mit 7 Monaten war ein großes Fest mit vielen meiner ehemaligen Schulkinder und mit der Familie und Freunden. Martin trug ein altes Taufkleid aus Peters Familie, das schon viele Kinder getragen hatten, ein warmes Untergewand und ein kleines von mir genähtes Mützchen. Ich fand die Taufe sehr aufregend und auch sehr anstrengend, weil es ihm nicht gut ging.

Gegen das Erbrechen bekam Martin manchmal kleine Teile von Zäpfchen, sie machten ihn etwas müde, aber er musste nicht so viel spucken.

Neben den Problemen mit dem Trinken, Erbrechen, den Augen und Ohren gab es noch sehr viel mehr Schwierigkeiten:

Er konnte den Kopf nur auf eine Seite drehen, hatte einen totalen Rippenbuckel, der immer stärker wurde, überstreckte den Kopf dauernd, besonders, wenn er aufgeregt war. Dann lag er manchmal wie ein gespannter Flitzebogen auf dem Rücken, nur Hinterkopf und Füße berührten die Matratze. Wir gingen zweimal wöchentlich turnen, was ihn sehr belastete und wo er viel weinte. Zu Hause musste ich dann auch täglich diese Übungen mit ihm auf einem Ball machen. Martin schien überhaupt kein Gleichgewicht zu haben. Später zeigte eine Untersuchung, dass ihm wohl die Bogengänge im Innenohr fehlen, dort sitzt das Gleichgewicht.

Sein Gesundheitszustand wechselte stark. Nach 2 guten Tagen kam oft ein Einbruch mit viel Erbrechen und großer Schleimproduktion. Pläne konnten wir nie machen, denn oft kam alles anders.

Mit 10 Monaten wog Martin 5400 Gramm. Er konnte sich auf einer Decke von einer Seite auf die andere rollen, leider total überstreckt, er weinte viel und freute sich, wenn man mit ihm spielte. Eine Logopädin beriet uns, wie wir seinen Mund desensibilisieren könnten, damit er vielleicht irgendwann mal essen und trinken könnte.

Kurz vor Martins erstem Geburtstag wurde das Wechseln der Magensonde immer schwieriger. Der Schluckreflex beim Anpusten war nicht mehr da und es bestand immer die Gefahr, die Sonde in die Luftröhre zu schieben. Außerdem riss Martin sich die Sonde öfter heraus, auch einmal in der Nacht. Da lag er dann nass und hungrig morgens im Bettchen und weinte. Peter war der einzige, der die Sonde legen konnte, ich konnte es nicht. Ich musste ihn bei der Arbeit anrufen und er fuhr nach Hause, damit Martin seine Kalorien bekam.... Manchmal hatte Martin auch Blut in seinem Schleim, wohl von der Sonde. Wenn er doch nur essen und trinken lernen würde! Eine Krankenschwester beruhigte mich und sagte, man könne auch jahrelang mit einer Sonde leben, andere warnten aber vor der Möglichkeit der Infektion usw.

Am 30. 6. 80 hatte er wieder nachts alles herausgerissen und war verzweifelt vor Hunger. Ich probierte es wieder mit der Flasche und Martin schaffte 48 Gramm, dann noch mal 5 Gramm. Als die Esstherapeutin kam, blieben noch einmal 30 Gramm in seinem Körper, nach dem Turnen 40 Gramm und am frühen Abend in mehreren Etappen 70 Gramm. Aber es schien eine große Quälerei zu sein, denn Martin weinte viel und war ganz unruhig. Mal drückte ich vorsichtig auf den Nuckel, mal saugte er ein wenig, richtig saugen konnte er ja nicht. An diesem Tag haben er und ich außer Füttern fast nichts gemacht. Die Nahrung war allerdings keine Milch, sondern ein Gemisch von Milch, Tee und Karottensaft, da er vorher Durchfall gehabt hatte. Es schien ihm besser zu bekommen, denn er spuckte nur einmal.

Am 9. 7. 80, seinem ersten Geburtstag, war Martin wieder einmal krank. Es begann einige Tage vorher mit Fieber, rotem Hals und Ohrenreizung, Husten und Schnupfen. Da er schon so oft Antibiotika bekommen hatte, versuchten wir es ohne. Es ging gut, auch wenn es zwischendurch schlecht aussah. Essen und Trinken ging aber nicht mehr, nur noch Sondennahrung. Mit einem Jahr wog Martin fast 6 Kilogramm.

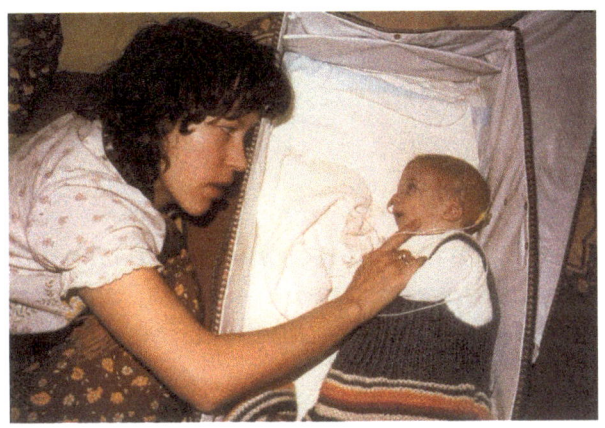

Martin und die Gemeinde Heilig Geist

Viele kennen ihn, viele mögen ihn. Das war schon immer so. Als wir ihn taufen ließen, einige Monate alt, mit der Ernährungssonde in der Nase, ganz klein, ziemlich blau und schwerstbehindert, kamen einige meiner Schulkinder mit ihren Eltern zur Taufe in die Kirche. Alle waren entsetzt und traurig, dass ich ein so behindertes und krankes Kind hatte, dessen Lebenserwartung bei etwa 2 Jahren lag. Unser damaliger Pfarrer Pater Thüning war hilflos und betroffen. Bei dem Taufgespräch zu Hause hätte ich eigentlich von ihm etwas Trost erwartet, aber ich musste ihn trösten. Er sagte, dass er so viel Leid kaum ertragen könne.

Später, als Pater Winkel aus Paraguay kommend, einen Vortrag in der Gemeinde hielt und auch Adoptionen von paraguayischen Waisenkindern erwähnte, erzählte Pater Thüning ihm, dass wir eine nette Familie seien, die gern ein Kind adoptieren würde. Am Tag, als wir unseren Adoptivsohn Manuel in Frankfurt abholten, wurde Pater Thüning beerdigt. Seine Leber hatte versagt. Das war 17 Monate nach Martins Geburt.

Martins aktive Zeit in der Gemeinde begann eigentlich mit meinem Gitarrespiel im Kinderchor von Heilig Geist. Da war er etwa 7 Jahre, sah aber aus wie ein 4-Jähriger. Martin konnte ja auch erst mit etwa 6 Jahren allein laufen, vorher wurde er viel getragen.

Der Kinderchor singt jede 2. Woche im Familiengottesdienst. Martin ist immer dabei und sitzt neben mir. Als er noch klein war, gab es immer größere Mädchen, die sich liebevoll um ihn kümmerten. Er sah aus wie ein Püppchen und sie freuten sich an ihm, lernten einige Gebärden und hatten Spaß, wenn er sie verstand. Da er so klein und zart war, gab es wenige Berührungsängste. In den ersten Jahren ging ich mit ihm nicht auf das Kinderchorwochenende. Das wäre doch zu anstrengend gewesen. Aber manchmal musste ich Martin am Freitag zu den Proben mitnehmen, wenn das Aupairmädchen keine Zeit hatte. Das fanden die Chorkinder dann ganz interessant.

Nun ist das Kinderchorwochenende seit Jahren für Martin ein Highlight im Jahresablauf. Er schläft mit mir in einem Zweibettzimmer, genießt die Mahlzeiten mit den Kindern, wird bei Spaziergängen in seinem Wagen geschoben, macht mit meiner Hilfe bei den Bastelarbeiten mit und sitzt bei den Proben neben mir. Da er ja nicht hören kann, beschäftigt er sich in der Zeit teilweise mit Bilderbüchern oder dem Pocket-PC. Für mich ist es natürlich recht anstrengend und ich bin auch als

Erwachsene für die Gruppe keine vollwertige Hilfe, aber das ist nicht so schlimm, weil wir ja immer recht viele erwachsene Begleiter sind. Wenn ich Gitarre spiele, berührt Martin manchmal die Gitarre, um mit den Händen zu "hören". Oft hat er auch eine Hand an meinem Hals, wenn ich singe.

Da Martin mit den Jahren natürlich auch langsam größer wurde, die Kinderchorkinder aber klein bleiben, da es immer wieder neue Grundschulkinder sind, gibt es heute mehr Berührungsängste ihm gegenüber. Ich merke es, wenn immer ein größerer Abstand in der Kirchenbank neben ihm bleibt. So ganz dicht möchten die kleinen Chorkinder doch nicht bei ihm sitzen!

Aber es gibt auf jeder Chorfahrt immer wieder Kinder, meist Mädchen, die gern mit ihm spielen und viel wissen möchten. Sie benutzen dann einige seiner Zeichen und freuen sich, wenn er sie versteht. Das erzählen sie dann auch stolz den anderen Kindern.

Mit dem Kinderchor machen wir in regelmäßigen Abständen Aufführungen. Früher hat Martin manchmal mitgespielt, aber das geht nicht immer. Er kann sich ja auf der Bühne nicht allein bewegen und weiß nicht wirklich, was er machen soll. Vor vielen Jahren war er mal ein Schwein in der Geschichte vom verlorenen Sohn. Da hat er plötzlich versucht, mit dem Lautsprecherkabel zu spielen, während er auf der Erde saß. Beim Musical "Joseph und seine Brüder" bekam er auch eine winzige Rolle als Gefängnisinsasse. Oder manchmal spielte ich mit ihm ein kleines Rhythmusinstrument bei der Aufführung.

Beim Krippenspiel am Heiligen Abend saß Martin jahrelang als Hirte mit einem Schäfchen bei den anderen Hirten. Aber das ging immer nur, wenn sie nicht laufen mussten sondern nur auf den Stufen saßen.

Vor vielen Jahren durfte Martin einmal das hölzerne Jesuskind in einer Prozession durch die Kirche tragen und zur Krippe bringen. Zwei größere Mädchen begleiteten ihn, viele Kinder gingen dahinter. Martin war ganz andächtig und strahlte. Mir kamen die Tränen! Wie hatte ich doch früher immer gebetet, dass er einmal laufen lernen würde. Die ersten Jahre lang sah es nicht danach aus.

Am 6. Januar ist das Fest der Heiligen 3 Könige. Am Sonntag darauf gehen wir mit jeweils vier Kindern zu Familien unserer Gemeinde, singen, schreiben den Segen an die Tür und erhalten Geld für Kinder in armen Ländern sowie Süßigkeiten für die Sänger. Seit vielen Jahren ist Martin in meiner Gruppe dabei. Er trägt einen großen Stern, den ich ihm gebaut habe und der leichter ist als die anderen. Nach Martins Vorstellung und meiner Ausdrucksweise ist er dann auch ein "König". Allerdings ist der Sternträger kein König, er trägt ein Ministrantengewand und keine Königskleider. Früher trug Martin aber doch ein "Königskleid", meinen alten Kimono, den meine Omi mir machen ließ, als ich ein Kind war, und dazu ein goldenes Stirnband mit einem Stern. Die Kinder in meiner Gruppe haben es schwerer als die anderen, denn sie müssen lauter singen, da Martins Stimme fehlt und einer muss auch seinen Teil des Gedichtes vortragen.

Ich denke, dass es für die Gemeinde Heilig Geist schön und

wichtig ist, dass es Martin gibt. Die Menschen und besonders die Kinder sehen, dass man auch behindert und "anders" sein kann und trotzdem lustig und fröhlich.

Martin lernt sitzen.
Ob Martin jemals laufen lernt?

Es passierte in Tampa, Florida. Wir zogen nach Tampa, als Martin 2 Jahre und 6 Monate alt war. Die ersten Tage waren schlimm, er weinte sehr viel und lagerte Wasser im Körper und im Gesicht ein. Die Klima- und Zeitumstellung machte seinem Herzen extrem zu schaffen. Dann wurde es besser, plötzlich lernte er Dinge, die er vorher einfach nicht lernen konnte, sitzen und krabbeln. Was hatten wir nicht alles versucht: Jede Woche zweimal Bobath-Turnen, wo er oft schrecklich weinte und es mir entsprechend schlecht ging, Versuche zu Hause, es half nichts, denn er blieb schlaff wie eine Stoffpuppe. Zum Schluss in Berlin schaffte er das Sitzen allerdings ganz kurz mit Abstützen.....

Vielleicht lag es daran, dass er nicht mehr so viel krank war, da ich keine Erkältungen mehr aus der Schule mitbrachte, oder es lag an dem guten Wetter und der sauberen Luft oder an meiner Zeit und der Unterstützung durch Cita, unserem „Kindermädchen" aus Kolumbien...Es gibt ein schönes Foto von Martin, Er sitzt auf dem dicken amerikanischen Teppich, seine dünnen Beinchen von sich gestreckt, neben ihm auf beiden Seiten die Polster des Sofas als Schutz gegen plötzliches Umkippen und versucht begeistert, einen Turm aus Plastikbechern zu bauen. Ein anderes schönes Foto zeigt ihn im Garten auf einer Decke mit Manuels Babypuppe. Sein Haar ist goldblond wie die Sonne, das Lächeln erinnert an einen kleinen Engel. Direkt nach dem Foto ist er allerdings zur Seite umgefallen und hat geweint, weil es draußen keine schützenden Polster gab. Das Sitzen-Lernen ohne Hilfe dauerte seine Zeit.

Stehen war noch viel schwieriger. Vor Martins drittem Geburtstag verschickte ich ein Foto von ihm. Er steht strahlend vor einer Wand in unserem kleinen Haus in Tampa. In Wirklichkeit habe ich ihn an die Wand angelehnt und das Foto entstand blitzschnell: Martin an die Wand lehnen, zurückspringen, abdrücken... immer in der Sorge, er könnte umfallen! Er fiel nicht um und es gab ein süßes Foto.

Vor jedem Geburtstag schickten wir damals ein Foto von ihm und einen Brief über seine Fortschritte und das vergangene Jahr an alle unsere und seine Freunde. Niemand hatte ja damit gerechnet, dass er sich entwickeln könnte, dass er sein Leben genießen würde und dass er älter werden würde als einige Jahre.

Das Essenlernen dauerte allerdings noch länger!!! Auch heute, mit 30 Jahren, kann er nicht immer ordentlich essen und manche Nahrungsmittel machen ihm die größten Schwierigkeiten.

Martin lernt lesen

Eigentlich ist es eher ein Erkennen von Wörtern, also das „Lesen" kleiner Kinder.

Die Idee hatte ich in einem Buch gefunden. Ich glaube, es heißt „Wie kleine Kinder lesen lernen". Ein amerikanischer Arzt schrieb, wie eine Mutter ihrem behinderten Kind das Lesen beibrachte und niemand es glauben wollte. Die Idee faszinierte mich.

Martin war fast 6 Jahre alt, als ich es auch versuchte – heimlich, ohne jemandem etwas zu sagen. Ich wollte mich ja nicht blamieren.

Ich stellte drei Dinge auf den Tisch, eine Puppe, einen Ball, einen Schuh. Dazu schrieb ich drei große Wortkarten. Die Karten ordnete ich den Dingen zu, immer wieder. Martin war daran sehr interessiert. Es dauerte natürlich lange, bis er begreifen konnte, dass diese Karten etwas mit den Dingen zu tun hatten. Er sollte dann die Wortkarten zuordnen und lernte es nach einigen Schwierigkeiten. Er hatte den Schritt vollzogen, zu sehen, dass es eine Verbindung zwischen dem Wortgebilde und dem Ding gab. Als ich ganz sicher war, mich nicht geirrt zu haben, zeigten wir es Peter, der natürlich sehr überrascht und begeistert war.

In meinem Tagebucheintrag vom 29. 6. 85 steht, dass er auch die Wörter Bett, Rutsche, Mama, Papa, Martin zuordnen konnte, teilweise auch Löffel, Tasse, Auto, Teller. Es steht auch drin, dass wir glücklich waren und überrascht, wie er das machte.

In seiner Kita waren sie auch überrascht, aber auf eine für mich etwas befremdliche Art. Als ich es mit Martin dort vormachte, sagte die Psychologin in einem etwas abwehrenden

Tonfall: „Das ist ja ein Wunderkind!" Dann wiesen sie mich darauf hin, dass sie das Lesen in der Kita nicht üben könnten. Ich hatte gedacht, sie würden es auch toll finden, dass der so schwer behinderte Martin so etwas lernen könnte.....

Ende August ist der nächste Tagebucheintrag. Wir waren in Italien, in derselben Ferienwohnung wie im Jahr davor. Martins Lesewortschatz erweiterte sich mühsam und langsam, da es ja eine „Ganzwortmethode" war. Damals lernte er langsam, einige Wörter zu lesen, ohne die Dinge zu sehen. Oft gab ich ihm auch drei Wortkarten und sagte in Zeichensprache „Gib mir...." Etwas später konnte er auch aus sechs Wortkarten das richtige Wort herausfinden. Ich übte immer nur so lange, wie es ihm Spaß machte. Generell hat Martin am Lernen große Freude, vor allen Dingen, wenn es sich um neue Sachen handelt. Dann ist er ganz aufmerksam und macht kleine zischende Geräusche.....

Heute ist Martin 43 Jahre alt. Er übt das Lesen und Schreiben von Wörtern am Laptop. Peter hat ein Programm (Touch-Tutor) dafür entwickelt. Viele Wörter kann Martin schon am Computer mit dieser speziellen Einrichtung schreiben.

Man kann natürlich nicht sagen, dass Martin lesen und schreiben kann. Das kann er nicht. Er erkennt und liest aber etwa 100 Wörter, von denen er einige auch schreibt.

Im praktischen Leben bedeutet das zum Beispiel, dass Martin aus den Ferien einen Brief an seine Lehrerin schreiben kann. Das geht so: Ich versehe ein Blatt mit dicken Linien und frage Martin, was er schreiben will. Er zeigt z.B. die Gebärden

Martin – Freude – Eis essen – schwimmen. Dann schreibe ich diese Wörter mit einem dicken Stift auf einem Zettel vor und er schreibt sie mühsam mit einem Filzstift ab. So diktiert er mir seinen Brief, der aus einzelnen Wörtern besteht. Zum Schluss kommt der Brief in den Umschlag und wir bringen ihn zum Briefkasten. Später freut Martin sich, wenn er seinen Brief bei seiner Lehrerin lesen kann.

Wenn ich ohne ihn verreise, schreibe ich ihm auch kleine Briefe und er freut sich sehr, wenn er sie bekommt.

Martin lernt schwimmen

Es waren viele kleine Lernschritte in vielen Jahren. Wasser muss warm sein, jedenfalls für Martin und leider auch für mich. Warmes Wasser gab es in Tampa in Florida im Sommer

1983. In unserer Wohnanlage gab es einen großen Pool. Dort ging ich immer mit beiden Kindern hin. Martin bekam Schwimmflügel und genoss das warme Wasser. Ich ließ ihn auch ins Wasser springen und kurz untertauchen. Da in Florida viele kleine Kinder schwimmen lernten, versuchte ich, Martin diese Bewegungen auch beizubringen, mit den Füßen zu kicken und mit den Armen zu kraulen. Nach einiger Zeit konnte er mit Flügeln ins Wasser springen und zur anderen Poolseite schwimmen. Sein Bruder Manuel lernte auf diese Weise vor seinem 3. Geburtstag schwimmen. (Später hatte er damit allerdings Probleme, da es ihm nur schwer gelang, sich auf den „richtigen" Arm- und Beinschlag umzustellen, als er sein Seepferdchen in Berlin machen wollte.)

Nach unserer Zeit in Florida war es nicht mehr so einfach, das benötigte warme Wasser zu finden. Alles war viel zu kalt. So warteten wir auf die Sommerurlaube in Italien oder gingen von Zeit zu Zeit in ein Behindertenbecken im Wedding.

Zu wagemutig..... Einmal – im Sommer 1988 – kam ich mit Martin in Italien aus dem Babypool, in dem er keine Schwimmflügel brauchte. Plötzlich ging er drei Schritte weiter und sprang in den tiefen Pool – und blieb unten!!!! In meiner Vorstellung dauerte es endlos, bis ich ihn nach oben holte, obwohl es sicher nur Sekunden waren. Am Abend sprach ich in Zeichensprache zu ihm davon – und erst dann fing Martin an heftig zu weinen.

Später schwamm Martin dann ohne Flügel mit kleinen Schwimmflossen, eine Mischung aus zwei Schwimmstilen, denn mit den Armen machte er die Bewegung des

Brustschwimmens. Das ging ganz gut, denn die Flossen gaben die nötige Geschwindigkeit. Als das Tragen von Flossen im Pool verboten wurde, musste ich ihm die richtigen Beinbewegungen beibringen. Das brauchte sehr viel Zeit und Übung! Auch heute noch macht er nicht immer den richtigen Beinschlag.

Potentiell gefährlich war Martins Spaß, sich beim Durchqueren der kurzen Seite des Pools in Italien einfach untergehen zu lassen, in der Gewissheit, dass wir ihn „retten" würden. Das mussten wir ihm abgewöhnen, es war zu gefährlich. Peter malte ein Bild „untergehen – nein" und ich bot Martin eine Süßigkeit an, wenn er den Pool durchschwommen hatte – wenn er untergegangen war, zog ich die Hand wieder weg und sagte „untergehen – nein". Mit der Zeit verstand er, dass wir seinen „Untergeh-Spaß" gar nicht schätzten.

Nun ist er mit seinen 1,60 m schon so groß, dass er im Pool ganz knapp stehen kann und wir brauchen keine Angst mehr zu haben.

Vor dem Baden im Meer fürchtete sich Martin lange Zeit, später genoss er es mit Schwimmflügeln und Schwimmtier oder mit dem großen Ring.

Auch heute noch – mit 30 Jahren – bekommt er im Meer in Italien Schwimmflügel an, das ist sicherer.

Sein Lieblingsplatz im Meer in Italien war jahrelang das „Grünpferd", ein Schwimmtier, auf dem er lag und sich von mir ziehen ließ. Oft trug er dabei ein T-Shirt, da er so leicht

Sonnenbrand bekommt, und natürlich immer Schwimmflügel. Nach einigen Jahren gab das Tier seinen Geist auf. Wir haben nun zwar ein Krokodil, aber meist nehmen wir nur einen großen Schwimmring ins Wasser. Martin verbrennt darin nicht so schnell, es ist auch sicherer, weil er nicht herunterfallen kann. Durch die von mir angebrachte Schnur mit Handschlaufe ist er sicher mit mir verbunden und kann nicht abgetrieben werden.

Unsere Ferienwohnung in Italien gehört sicherlich zu seinen liebsten Orten auf der Welt. Wegen seiner Gesundheit gehen wir mit ihm nur am Spätnachmittag an den Strand, am Vormittag ist er oft mit uns im Pool in der Anlage. Das „Fischlein" kann etwa 50 m schwimmen, dann ist es zu anstrengend für sein Herz.

In Berlin gehen er und ich ins Behindertenbad, machen Wassergymnastik und schwimmen.

Vater berichtet

Bericht über die bisherige Entwicklung von Martin

Martin wurde am 9. Juli 1979 geboren. Unmittelbar nach seiner Geburt stellten wir fest, dass Martin nichts hören konnte und das Licht von Taschenlampen nicht, jedoch unsere Gesichter wahrnehmen konnte.

Des Weiteren litt er an einer Transposition der großen Gefäße und wäre unmittelbar nach der Geburt gestorben, wenn sein Herz nicht durch eine Öffnung in der Herzscheidewand in geringem Maße versorgt worden wäre. Er konnte keine Nahrung aufnehmen und musste über eine Magensonde durch die Nase ernährt werden.

Seine erste Lebensprognose durch die Ärzte war ,maximal 1 ½ Jahre – aber nur, wenn er bis dahin im Krankenhaus bleibt'.

Wir holten ihn nach ca. ¾ Jahr dann doch aus dem Krankenhaus, weil wir meinten, er solle dann wenigstens in einer liebevollen Familie und nicht im Krankenhaus leben und sterben.

Seine frühen Probleme, neben denen des Herzens und der Nahrungsaufnahme war seine allgemeine Schwäche (er konnte nicht sitzen und kaum den Kopf halten) und seine Schwierigkeit, die Nahrung zu verwerten: Er übergab sich teilweise 5mal am Tag. In der Zeit, in der er keine akuten Schwierigkeiten hatte, war er jedoch ein fröhliches Kind!

Im Alter von 7 Jahren wurde der Zustand seines Herzens lebensbedrohend – in einer Mustard-Operation in Bad Oeynhausen wurde eine neue Herzscheidewand hergestellt. Diese Mustard-Operation verlief jedoch nur teilweise zufrieden stellend und musste ein Jahr später wiederholt werden.

Im Alter von 15 Jahren ergaben sich erneute große Herzprobleme, da sein Herz durch Herzschwäche zu wenig versorgt wurde. Es wurde 1994 am Herzzentrum in Berlin ein Schrittmacher transplantiert. Auch diese Operation musste wiederholt werden – es wurde der Ort des Schrittmachers vom Brust- in den Bauchraum verlegt.

Ein weiteres Problem trat mit seinen Augen auf: Sein Visus auf dem einen Auge – das andere ist völlig blind – , der vorher bei ca. 10% gelegen hatte und eine starke Brille erforderlich machte, brach völlig zusammen, so dass er nichts mehr sah und sich durch die Wohnung tasten musste. Glücklicherweise konnte der Visus durch eine Augenoperation wiederhergestellt werden. Sein Hörvermögen beschränkt sich auf Vibrationen.

Der kleine Mensch in der Maschine

Ich schreibe diesen Bericht aus der Erinnerung heraus – es sind jetzt zum Teil 30 Jahre her – sodass ich nicht sicher bin, was von meinen Erinnerungen sich wirklich so abgespielt hat, aber Erinnerungen sind ein wichtiger Teil des Lebens und manchmal sind sie wichtiger als die Wahrheit!

Ich will heute über einen Besuch im Kinderkrankenhaus Neu-

kölln schreiben, in dem Martin ungefähr 6 Wochen nach seiner Geburt lag. Meine Frau besuchte ihn fast jeden Tag und
ich mehrmals in der Woche. Schlimm war für mich immer,
wenn ich in die Intensivstation kam – überall Maschinen, die
alle möglichen Geräusche machten und Monitore mit leuch-
tenden Kurven – dies erinnerte sofort an die Gefahr, in der
Martin schwebte – nur mit Hilfe dieser Technik war er überhaupt am Leben!

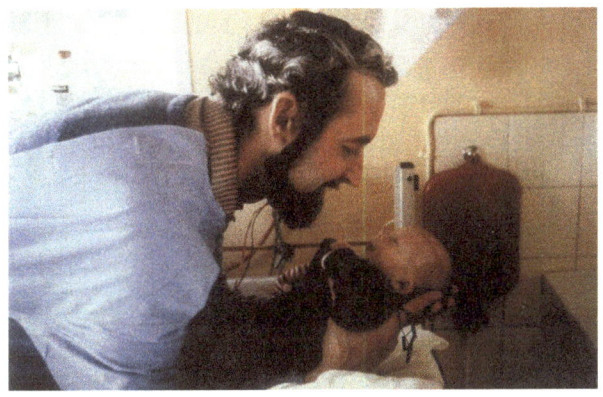

Dieser Eindruck verstärkte sich noch, als ich an seinen Inkubator kam, in dem er lag, mit Schläuchen (für Sauerstoff und für
die Nahrungsaufnahme) verbunden – so wirkte er nicht wie ein
Baby sondern wie ein Teil einer Maschine. Ich durfte – nachdem
ich meine Hände intensiv gewaschen hatte – das Klappfenster
des Inkubators aufmachen und hineingreifen – ich streichelte
sein Gesicht und seine kleine Hand und hier passierte es: Seine
Hand griff meinen Finger und hielt sie fest: Er hatte Kontakt mit
mir aufgenommen und ich fühlte fast, als würde ein Strom von
ihm zu mir übergehen. Ich ließ meinen Finger in seiner Hand
und streichelte sie mit den anderen Fingern.

Später sagte mir die Schwester, die dabei war, dass Martin hiernach viel ruhiger geworden sei!

Eine Erfindung für meinen Sohn

Martin war jetzt ungefähr 4 ½ Monate, lag im Krankenhaus und hatte sich soweit stabilisiert, dass er nach Hause geholt werden konnte. Dort wartete ein schönes Zimmer auf ihn mit mehreren zusammengestellten Schränken, auf die ich eine Eisenbahn gemalt hatte, einem Bettchen, einem Wickeltisch und – das war für uns im Nachhinein etwas Makaber – einem Fenster zur Reichsstraße, das wir für viel Geld geräuschhemmend gemacht hatten, damit das Bübchen nicht durch den Straßenlärm im Schlaf gestört werden konnte (dabei hätte ihn noch nicht einmal ein startender Jumbojet gestört!)

Es gab nur ein Problem – das war jedoch ziemlich heftig: Martin wurde im Krankenhaus mit einem ‚Perfusor' ernährt – ein kleines Maschinchen, in das eine große Spritze mit Nahrungslösung eingesetzt wurde und diese Spritze langsam zusammendrückte, sodass die Nahrung über eine Magensonde in seinen Bauch floss. Dieser Perfusor musste, wenn die Spritze leer war, alle 2 bis 3 Stunden gewechselt werden und das Tag und Nacht! Eine andere Lösung war damals nicht vorhanden.

Das Problem weckte meinen Ehrgeiz – es musste machbar sein, hierfür eine Lösung zu entwickeln und ein Gerät zu bauen, das wesentlich einfacher zu bedienen war! Leider musste diese Erfindung nicht nur die Nahrungslieferung erfüllen, zusätzlich ergaben sich die folgenden Anforderungen:

Die Nahrungsmenge pro Zeiteinheit musste einstellbar und genau nachmessbar sein (hing hiervon doch seine Ernährung ab!), alles, was mit der Nahrung Kontakt hatte, musste sterilisierbar sein – jede kleinste Verunreinigung könnte die schlimmsten Folgen für seinen schwachen Körper haben – und – damit wir auch einmal das Haus mit ihm verlassen konnten: Das Gerät musste klein genug sein, dass man es in einem Kinderwagen verstauen konnte und es musste durch einen Akku netzunabhängig sein!

Glücklicherweise war ich damals Entwicklungsleiter der Firma Laaser und Co – diese baute Messgeräte für Strömung, Druck und Niveau – war also von der Technik nicht sehr weit von der gestellten Aufgabe entfernt. Ich erzählte meinem Chef, Herrn Platow, von meinem Ziel und er erlaubte mir, meine Dienstzeit und die meiner Mitarbeiter teilweise für die Entwicklung und den Bau des Gerätes zu verwenden (ich bin ihm heute noch dankbar hierfür!).

Nun: Das Gerät wurde gebaut – es hatte die Größe eines Schuhkartons und konnte alles was es sollte und hat seinen Dienst ohne alle Mucken geleistet bis es uns gelang, Martin von der Schlauchernährung zu einer normalen durch eigenes Trinken zu bekommen!

Nun konnte er endlich nach Hause kommen! Nie werden meine Frau und ich den Augenblick vergessen, als wir Martin in sein schönes Bettchen packten – endlich in einer Umgebung ohne Monitore und Warnsignale! Wir hatten das Gefühl, dass es ihm hier sofort gut gefiel!

Jetzt konnten wir endlich mit ihm auch größere Spaziergänge mit seinem Kinderwagen machen – das Maschinchen passte gut in seinen Wagen und der Akku war stark genug hierfür. Ich weiß noch, wie wir uns mit ihm unter einen Baum legten und mit ihm etwas spielten – fast so wie Eltern mit einem normalen kleinen Baby!

Kognitive Entwicklung / Touch-Tutor

Martin ist mental stark eingeschränkt – obwohl er jetzt 30 Jahre alt ist – hat er die Psyche eines Kleinkindes – ist dabei aber aufgeweckt, neugierig und meistens auch fröhlich!

Trotz seiner stark eingeschränkten Sehfähigkeit gelang es meiner Frau, ihm die Schriftbilder für einige Begriffe beizubringen, so dass er sie wieder erkannte und auch schreiben konnte.

Durch ein spezielles Computerprogramm (Touch-Tutor), das ich für ihn entwickelte, gelang es uns, den Umfang der Begriffe, die er erkennen und schreiben kann, auf ca. 150 zu erweitern.

Touch-Tutor ist ein Programm, mit dem behinderte Kinder lernen können, Wörter zu lesen und zu schreiben. Das Programm kann allen Kindern helfen, die lesen und schreiben lernen wollen. Die zu lernenden Begriffe müssen bildlich dargestellt werden. Die Reihenfolge der Wortbilder kann gewählt werden: Entweder zufällig oder Wörter, die vom Schüler häufig fehlerhaft geschrieben wurden, erscheinen häufiger als

Aufgabe. Die Liste der vorgegebenen Wortbilder kann vom Lehrer praktisch unbegrenzt .erweitert werden. Martin ist ein großer Fan vom Touch-Tutor. Er sitzt praktisch jeden Tag an seinem Computer und Tablet und lernt so in seiner Freizeit, und die Schriftbilder werden dadurch gefestigt.

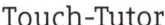

Wir unterhalten uns mit Martin in der Gebärdensprache.

Ausbildung in der Taubblindenschule in Potsdam

Nach der Wende gelang es uns, Martin in der Taubblindenschule der Oberlinschule in Potsdam unterzubringen – wir hatten dies schon vor der Wende versucht, waren aber gescheitert.

Hier wurde er in kleinen Klassen (maximal 6 Schüler) mit einem Schlüssel von 1:3 optimal gefördert.

Martin liebte seine Schule und erinnert sich noch heute an sie.

Mit 25 Jahren beendete Martin die Taubblindenschule in Potsdam und geht seitdem an 3 Tagen in der Woche in den Förder- und Beschäftigungsbereich der Diakonischen Werkstatt für Behinderte in Potsdam- Hermannswerder.

Hier wird er teilweise auf eine mögliche spätere Tätigkeit in der Werkstatt vorbereitet – teilweise wird versucht, seine Fähigkeiten im Alltag zu verbessern.

Der Kampf um den Computer

(Martin war 19 Jahre)

Die liebsten Spielzeuge sind für Martin seine 3 Computer:

Der Laptop oben in meinem Arbeitszimmer, an dem er mit Hilfe eines Pads (eines Hilfsmittels zur Eingabe von Zeichen mit Hilfe eines Stiftes) und eines von mir entwickelten Schreiblernprogramms Schreiben lernen und üben kann. Da er die Tastatur nicht lesen kann, muss er hier das auf dem Bildschirm sichtbare Bild mit Hilfe eines Spezialstifts schreiben, indem er den Stift auf die relativ großen Buchstaben auf dem Pad drückt.

Der Laptop im Wohnzimmer, auf dem viele Mathematik – Lernprogramme laufen

Mein Pocket – Pc, auf dem ein Betrachterprogramm läuft (ca. 550 Bilder) die sich nach 20 Sekunden verändern. In dieser Zeit erzählt er in seiner Zeichensprache, was die Bilder darstellen.

Der Favorit hierunter ist wiederum der Laptop in meinem Arbeitszimmer. Viele Stunden verbringen wir hier gemeinsam, indem jeder an seinem Computer arbeitet. Leider hat diese Vorliebe einen Haken: Martin interessiert sich brennend für das Innenleben des Spezialstifts: Er hat offensichtlich einmal zugesehen, wie ich die Batterie, die hierin enthalten ist, mit dem Batterieprüfer geprüft und ausgewechselt habe. Er will deswegen immer den Stift öffnen und die Batterie ‚prüfen'. Leider ist die Mechanik, die die Batterie hält, relativ fragil angelötet – wer denkt denn auch schon daran, dass sie dem heftigen Forschen eines Möchtegern- Ingenieurs standhalten muss! So sind leider bei diesen Prüfungen schon 3 Stifte kaputtgegangen – was dazu geführt hat, dass das ganze System neu gekauft werden musste, weil es die Stifte nicht einzeln zu kaufen gibt.

Meine erste Lösung für dieses Problem war, nach Wegen zu suchen, die Kappe so auf dem Stift zu befestigen, dass sie zwar für mich (zum Batteriewechsel), nicht jedoch für ihn zu öffnen war. Hier ein paar Versuche (als geübter Lösungsfinder für technische Probleme sollte das für mich ja eine Kleinigkeit sein):

Der Lösung meiner Frau: Es wird ein Futteral genäht, das die Spitze des Stiftes (die den Kontakt zum Pad auslöst) freigibt, aber ansonsten völlig vernäht ist: Kein Problem für ihn, die Naht aufzutrennen!

Die Schraubverbindung von Stift und Kappe wird mit Tesafilm mehrmals umwickelt. Kein Problem für seine kleinen Finger, sie abzuwickeln.

Ok: Dann also die nächste Lösung: Hochfestes Klebeband mit Alueinlage: siehe oben.

Nun gut: Die brutale Lösung: Uhu wird auf das Gewinde geklebt. Ich war nicht dabei als Martin sich hiermit beschäftigte, aber der Stift war wieder einmal gekillt!

Die finale Lösung: Sekundenkleber – bei einem Test gelang es mir nur mit Hilfe einer Kombizange, die Kappe zu lösen. Fassungslosigkeit bei meiner nächsten Prüfung: Die Kappe war ein wenig geöffnet und ließ sich leicht drehen, der Stift war aber heil! War er stärker als ich???

Jetzt die Ingenieurslösung: Die Verbindungsstelle mit dem Gewinde wird angebohrt und durch eine kleine Schraube gesichert, die nur mit einem speziellen Uhrmacher- Schraubenzieher (den ich gut versteckt hatte) gesichert – nun: Diesmal war offensichtlich brutale Gewalt die Lösung, der Stift war geöffnet, ein Teil heraus gebrochen, aber er war noch benutzbar.

Jetzt machte ich mir doch etwas Gedanken über meine Fähigkeit, schwierige technische Probleme zu lösen! Hier war offensichtlich ein Systemwechsel der Lösungen nötig:

Wenn es keine Möglichkeit gab, einen Stift mit Batterie davor zu schützen, geöffnet zu werden, musste es ein Stift ohne

Batterie sein! Lösungen hierfür gab es bei Ebay, doch leider funktionierte der Stift nicht mit meinem Pad!

Nächster Systemwechsel: Martin darf den Stift nur in meiner Gegenwart nutzen – da der Rechner so eingestellt ist, dass er ihn alleine starten kann, saß er natürlich stundenlang dort, auch wenn ich weg war! Also der Stift kommt weg – zunächst in meinen Schreibutensilien-Behälter auf meinem Schreibtisch, in dem er neben vielen anderen Stiften kaum sichtbar steht. Offensichtlich hat sich Martin als der Stift nicht an seiner gewohnten Stelle lag, auf die Suche gemacht, und ihn tatsächlich gefunden. Man muss dazu wissen, dass er mit seinen halbblinden Augen normalerweise schon Schwierigkeiten hat, einen Gegenstand zu finden, der heruntergefallen ist!

Das gleiche mit einem anderen Versteck (auf einem Regal weit weg vom Laptop) – wie lange er für die Suche gebraucht hat, habe ich leider nicht mitbekommen.

Nun, es gibt ja noch die Lösung, mein Zimmer abzuschließen: Der Schlüssel wird auf einen Nagel gehängt, den ich so hoch angebracht habe, dass Martin ihn nicht erreichen kann. Am Abend frage ich meine Frau: „Weißt du eigentlich, wo Martin ist?" Die Stimme von Mari von oben: „Martin sitzt am Computer!" Wie bitte? Ich gehe hoch und sage ihm: „Papa möchte sehen, Martin Schlüssel holen". Er zeigt es mir stolz – nachdem ich den Schlüssel wieder auf den Nagel gehängt habe, stellt er sich auf die Zehenspitzen, so dass er den Bart gerade berühren kann, drückt ihn ein wenig hoch: Das Objekt der Begierde fällt vom Nagel!

Warte, Bursche, ich bin noch nicht am Ende: Ein neuer Nagel wird gehämmert, so hoch, dass ich ihn nur erreichen kann, wenn ich mich auf meine Zehenspitzen stelle. Abends um halb elf: „Susanne, du hast doch sicherlich Martin zu Bett gebracht?" „Ich dachte, du hast es gemacht!". Fassungsloses Erstaunen: Martin sitzt zu nachtschlafender Zeit (er geht normalerweise ungefähr um 9 Uhr ins Bett) am Computer – der Schlüssel steckt im Schlüsselloch – keinerlei Erklärung, wie er an ihn gekommen ist!!! Wieder die Frage: ‚Papa möchte sehen, Martin Schlüssel holen'. Wieder voller Stolz die Demonstration. Des Rätsels Lösung: Im kleinen Aupair- Flur neben dem Arbeitszimmer steht ein Klapp- Hocker, der zu einer kleinen Trittleiter umgeklappt werden kann. Allerdings: Auf dem umgeklappten Hocker liegen 5 Telefonbücher, auf dem Gestänge des Hockers ruhen 4 Stiefeletten vom Aupair-Mädchen Mari – alles so wie immer! Martin nimmt die Telefonbücher und die Stiefeletten vom Hocker, bringt ihn vor die Tür, klappt ihn um – ich habe ihm das nicht gezeigt! – steigt auf die Trittleiter, holt sich den Schlüssel, schließt die Tür auf, bringt die Trittleiter zurück, macht ihn wieder zum Hocker und legt Telefonbücher und Stiefeletten wieder ordnungsgemäß zurück!

Der nächste logische Schritt: Der Schlüssel kommt, wenn ich abends mein Zimmer verlasse, in meine Hosentasche! Abends: „Mari – weißt du wo Martin ist?" Er sitzt am Computer in deinem Zimmer". ??? Was war passiert? Die Lösung wurde sichtbar, als ich zu meiner Tür kam: In der Tür steckte ein Schlüsselbund mit 3 Ersatzschlüsseln aus unserem Schlüsselkasten – einer davon war der für mein Arbeitszimmer – er muss alle ausprobiert haben!

Also gut (schon etwas resigniert): der Ersatzschlüsselbund verschwindet in der Schlüsselschublade in meinem Zimmer – jetzt darf keiner der Schlüssel mehr wegkommen sonst haben wir ein Problem! Aber was soll's – wenn das die einzige Lösung ist, muss es so sein!

Am Abend (nein – der einzige Schlüssel ist in meiner Hosentasche – also: jetzt ist wirklich Schluss!) hören wir Martin am Schlüsselkasten rascheln und dann nach einiger Zeit kommt er zu mir, klopft mir auf den Arm (das haben wir ihm beigebracht, für den Fall dass er Hilfe braucht) und sagt: Martin möchte Schlüssel!

Das war das Ende des Kampfes: Eigentlich war es doch genau das, was wir immer versucht haben, ihm beizubringen: Wenn es ein Problem gibt, nach Lösungen zu suchen und wenn er sie nicht selbst findet, andere zu fragen. Also der Kompromiss: Martin darf – auch wenn ich nicht in meinem Zimmer bin – dort computern, indem er den Schlüssel von mir bekommt. Er darf auch den Stift öffnen, die Batterie herausnehmen und mit dem Batterieprüfer prüfen – er tut es jetzt so vorsichtig, dass bis jetzt kein neues System gekauft werden musste. Er ist einen wichtigen Schritt zur Emanzipation gegangen – gegen meinen hinhaltenden (aber letztendlich nutzlosen) Widerstand!

Der Kampf gegen das Verharren

Da ich Martin morgens dafür vorbereiten muss, mit der Fahrbereitschaft zur Werkstatt oder zu seiner Lehrerin gebracht zu werden, habe ich immer einen engen Zeitplan – das Auto darf nicht warten, weil er noch nicht fertig ist!

Hieraus, und aus der Tatsache, dass er ein typischer ‚Morgenmuffel' ist, ergeben sich immer wieder Konflikte zwischen uns – z. B. beim Anziehen. Ich will, dass er den rechten Strumpf anzieht – er möchte erst einmal zwischen den Zehen ‚pulen' – nun gut, mit etwas physischer Nachhilfe ist glücklicherweise der rechte Strumpf angezogen – nun kommt der linke: Das gleiche Spiel! Hat er vielleicht Fußpilz und es jucken ihm deswegen die Zehen? Zwei Wochen später nach intensiver Behandlung mit Spezialmedizin gegen Fußpilz: Nein es bleibt dabei: Die Strümpfe zieht Martin an wenn *er* will!

Nun: Wenn er es so will, soll er seinen Willen haben – dann trägt er die Schuhe eben ohne Strümpfe!

Erstaunlicherweise läuft es nicht so, wie ich gedacht hatte – dass er nun gerne die Strümpfe anzieht – also ein völlig neuer Ansatz: Lass ihn sich doch ganz allein anziehen aber mit einer Zeitvorgabe, wann er fertig sein soll. Ob das klappt?

Wir kaufen zusammen bei Ikea eine große Uhr mit einem klaren Zifferblatt ohne Zahlen, bauen die Frontscheibe aus, nehmen den Stundenzeiger heraus, kleben auf den Minutenzeiger einen dicken roten Pfeil und desgleichen auf die Stundenmarke der ‚12': Nun kann der Minutenzeiger mit seinem

Pfeil auf eine beliebige Zeit vor der ‚12' gestellt werden und wenn er auf der ‚12' angelangt ist, muss – so zeige ich ihm mit Zeichensprache – das Anziehen fertig sein.

Oh Wunder! Er versteht die Spielregel sofort – ich beobachte ihn ohne dass er mich sieht: Als er fertig ist (vor der Zeit) geht er zur Uhr, stellt den Minutenzeiger auf die ‚12', legt die Uhr auf ihren Aufbewahrungsort zurück und kommt ins Wohnzimmer. Warum bin ich nicht vorher auf diese Idee gekommen?

Der Kampf um die nächtlichen Windeln

Durch seine Herzprobleme kann Martin nachts nicht durchschlafen ohne Pipi zu machen – die natürliche Lösung dafür: Windeln – da seine Blase nicht die eines Babys ist: Es müssen Inkontinenzwindeln für Erwachsene sein, sonst laufen sie über!

Der Versuch, hierfür andere Lösungen zu finden, lief über viele Jahre!

Mein erster Ansatz – typisch für einen Ingenieur: Eine technische Lösung: Ein Vibrationswecker, der ihn nachts weckt, so dass er auf die Toilette gehen kann. Dies funktioniert auch meistens recht gut – bis zu dem Tag, an dem er entdeckt, wie man den Vibrationswecker ausstellen kann! Das führte natürlich zu großen Komplikationen – vor allem für meine Frau, die alles waschen musste!

Hier wurde der Erfolg durch Lernen erreicht: Ich malte große Bilder mit einer großen Beschriftung, die er lesen konnte:

Im ersten Bild liegt Martin im Bett und schläft – die Unterschrift: ‚Martin möchte Pipi':

Martin möchte Pipi

Im zweiten Bild steht Martin auf:

Martin steht auf

Im dritten Bild geht Martin zu einer Tür –
‚Martin geht zum Klo'

Martin geht zum Klo

Im vierten Bild sitzt Martin auf der Toilette –
‚Martin macht Pipi'

Martin macht Pipi

Die Bilder werden jeden Abend mit ihm vor dem Schlafen-
gehen durchgesprochen – und: nach wenigen Tagen: Martin
war morgens trocken!

Ein kleines Problem verlangte dann noch ein weiteres Bild: Er
wartete offensichtlich relativ lange mit dem ‚Pipigehen', der
Harndrang war dann so groß, dass er (im Sitzen!) auf den
Boden machte:

Im fünften Bild sitzt Martin auf der Toilette und macht im
hohen Bogen auf den Boden – die Unterschrift: ‚Pipi in Klo –
Pipi auf Boden: Nein' – der Pipistrahl auf den Boden ist durchgestrichen!

Pipi in Klo - Pipi auf Boden: Nein

Außerdem zeigten wir ihm, wie er das Problem lösen konnte, indem er sein Glied runterdrückte. Damit war diese Schwierigkeit gelöst!

Natürlich gab es – allerdings relativ wenige – Rückfälle. Martin war dann, wenn ich ihn morgens aufweckte sehr traurig – einmal sagte er mir: ‚Pipi nein, Martin traurig!' – ich nahm ihn dann in den Arm um ihn zu trösten.

Advent und Weihnachten

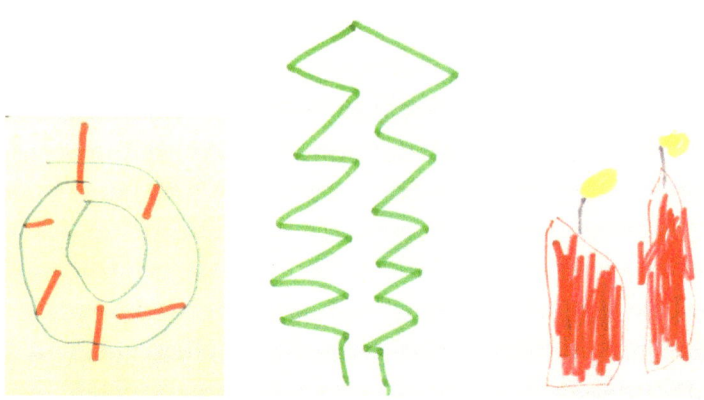

Martin verfolgt die Weihnachtsvorzeit sehr aufmerksam über die Zahl der Kerzen im Adventskranz und freut sich jedes Mal sehr, wenn eine neue Kerze dazu kommt. Normalerweise machen wir zum Frühstück die Kerzen des Adventskranzes an – am Anfang ist es dann ziemlich dunkel, was uns beide aber nicht stört – am Abend werden dann statt der Adventskranzkerzen die des ‚Weihnachtskarussells' (der Weihnachtspyramide) angezündet.

Am ersten Weihnachtstag kommt dann der Adventskranz weg und wir freuen uns über die elektrischen Kerzen des Weihnachtsbaums und – zum Abendbrot statt dessen über seine Wachskerzen.

Zu unserem Erstaunen stand am nächsten Tag wieder der Adventskranz auf dem Tisch – wir zeigten Martin, dass mittlerweile 2 der Kerzen ausgelaufen waren und das der Kranz wegkommt weil die Kerzen ‚kaputt' sind. Am nächsten Tag hatte Martin den Kranz wieder vom Balkon geholt und auf den Tisch gestellt – und: aus dem Schrank, in dem die Kerzen aufbewahrt werden, hatte er die richtigen (die dicken) aus der Verpackung genommen, die ausgelaufenen Kerzen entfernt und durch die neuen ersetzt. Als ich ihn fragte, was er möchte, zeigte er mit Zeichensprache ‚4 Kerzen' – nun bleiben sie für ihn auf dem Tisch – wir sprühen allerdings den Adventskranz jedes Mal mit Wasser ein, da er jetzt doch schon ziemlich trocken ist und wir Angst vor einem Adventskranzbrand haben!

Das nächste Problem – nicht ganz unerwartet – ergab sich mit dem Weihnachtsbaum, den wir immer zusammen aussuchen und kaufen und der in diesem Jahr besonders prächtig ausgefallen war – auch durch die vielen kleinen Anhänger, die meine Frau in langer Arbeit an die Zweige hängte. Die erste Tat, die jeden Tag anfiel, nachdem der Fahrdienst ihn vom ‚Arbeitshaus' – seiner Behindertenwerkstatt – oder von ‚Frau Lehrerin Christa' – seit 20 Jahren seiner Taubblindenspezialistin – nach Hause gebracht hatte, bestand darin, die elektrischen Kerzen des Baums anzuschalten (und damit die vielen anderen elektrischen Sterne, Lichterpyramide) – das gleiche Spiel ergab sich jeden Morgen nach dem Aufstehen.

Beim Essen wurde in Abständen das ‚Weihnachtsbaumspiel'
gespielt: Er macht das Zeichen ‚Weihnachtsbaum' vor – beide
Arme machen die Weihnachtsbaumform in großen Schwün-
gen nach – dann war ich an der Reihe, mit der Besonder-
heit, dass ich bei jedem Schwung mit dem Zeigefinger der
rechten Hand seine Nase streifte – was bei ihm immer große
Begeisterung auslöste. Ein besonderer Augenblick kam immer, wenn die Wachskerzen angezündet und die elektrischen
ausgemacht wurden – er liebte diese Dämmerungsstimmung
besonders und konnte gar nicht genug davon bekommen.

Nun, jede Weihnachtszeit hat ihr Ende – bei uns immer relativ
spät Mitte Januar, wenn der letzte Termin kommt, an dem
die Weihnachtsbäume vom Straßenrand abgeholt werden.
Wir hatten ihn natürlich vorbereitet und ihm gesagt, dass der
Baum morgen von ihm und mir vom Balkon geworfen würde
(ein kleiner Trost für den kleinen Chaoten, der sich über alles
freut, was herunterfällt).

Am Tag ‚Weihnachtsbaum weg' war er sehr still mit einem
kleinen traurigen Gesicht und plötzlich sagte er ‚Weihnachtsbaum gut' und als ihm geantwortet wurde ‚Du und Papa werfen Weihnachtsbaum weg' antwortet er ‚Nein wegwerfen!'.

Oh je, was machen wir jetzt? Wir freuen uns immer, wenn er
einmal deutlich einen Wunsch äußert – aber der letzte Ab-
holtermin sollte auch nicht verpasst werden! Nun, durch den
hohen Schnee herrschte ein ziemliches Verkehrschaos – die
Stadtreinigung würde sicherlich zu einem späteren Zeitpunkt
kommen und außerdem – das hatten wir schon oft erlebt –
werden ‚verspätete' Weihnachtsbäume auch noch nach dem

,letzten' Termin abgeholt! Also: ,Weihnachtbaum wegwerfen, wartet wenig!'. Das kleine Lächeln war das leichte schlechte Gewissen des ordentlichen Bürgers wert!

Ein paar Tage später hatte er dann doch wieder Freude daran, zusammen mit mir den großen Baum über den Balkon zu werfen!

Bei Lehrerin Christa: Der Weihnachtsbaum
wird zur Straße gezogen

Das „Sonne-Wasser-Haus"

Seit 22 Jahren fahren wir in den Sommerferien nach Italien in ein Ferien- Appartement an der Adria. Die ersten Jahre hatten wir es gemietet und hatten uns an es gewöhnt – für Martin war es sein geliebtes Sonne-Wasser-Haus – vor allem durch den großen Pool, der zur Anlage gehört und durch den breiten Strand der nahen Adria. Als wir erfuhren, dass die Anlage verkauft werden sollte – wir hätten es dann nicht mehr mieten können – beschlossen wir, die Wohnung zu kaufen – nun konnte uns keiner mehr das Sonne-Wasser-Haus wegnehmen!

Wahrscheinlich ist die Zeit im Sonne-Wasser-Haus für Martin die schönste im Jahr, vor allem durch das viele Schwimmen (das hatte meine Frau dem „Fischlein" schon in Florida, wo wir auch einen Pool in der Wohnanlage hatten, beigebracht), das viele Eisessen auf der abendlichen wunderschön beleuchteten Bummelmeile im nahen belebten Ferienort Lido Degli Estensi oder am Strand, die Fahrradfahrten ins schöne Hinterland, die Fahrten nach Venedig, Ferrara, Ravenna oder den anderen schönen Städten Norditaliens, die Karussells, Autoscooter und das Riesenrad des kleinen ‚Rummels' und und... Umso größer ist dann allerdings auch die Trauer, wenn es wieder ans Packen für die Rückreise geht – da können dann auch schon mal ein paar Tränen fallen!

Für jede Reise mache ich für ihn ein Reisetagebuch mit Zeichnungen, Strichmännchen und einer kurzen Beschreibung in großen Buchstaben – hier ein paar alte und neuere Seiten aus diesen Tagebüchern:

1989 – Sonne Wasser 2:

Mi   Regen laufen

1991 – Sonne Wasser 4 – in Venedig:

Freitag   Brücke Wasser

1992 – Sonne Wasser 4:

Freitag   Boot Rutsche

1995: Sonne Wasser 8 – mit Aupair Asia

Dienstag Asia Fahrrad

2000: Sonne Wasser 13:

Mittwoch Feuerwerk Nacht

2003: Sonne Wasser 16 – mit Magali:

Auto klein + schnell

2006: Sonne Wasser 19: Venedig mit Willi:

Montag: viel Brücken + Boote

2007: Sonne Wasser 20:

viel hören

2009: Sonne Wasser 22:

Papa + Martin + Mama Fahrrad große Lampen

Das Auto-Schiebedach

Martin hat – warum weiß keiner – eine Vorliebe für Schiebedächer von Autos. Eigentlich ist das noch viel zu zurückhaltend ausgedrückt: Man müsste sagen: Er hat eine Schiebedach-Manie! Er teilt Menschen in folgende Kategorien ein:

- die ohne Auto (schweigen wir darüber)
- die mit Auto ohne elektrische Scheibenheber (das Zeichen hierfür ist die Auf- und Abbewegung der senkrechten Handfläche) – gibt es glücklicherweise selten
- die mit Auto mit Schiebefenster (elektrischer Scheibenheber) – dazu gehöre ich – das kann notfalls akzeptiert werden
- die mit Auto mit elektrischem Schiebedach – schon deutlich besser, dazu gehört glücklicherweise auch seine Mutter
- die mit Auto mit Kurbel-Schiebedach – das ist das Größte!

Ich gehörte in glücklicheren Tagen noch zur vorletzten Kategorie – mein alter Passat hatte ein elektrisch bewegbares Glasdach mit einem Schalter am Dach. Leider wurde er alt und älter und irgendwann einmal wurde er an einen polnischen Altwagenhändler verkauft. Beim Kauf eines Jahreswagens versuchte ich, meine alte Kategorie wieder herzustellen – leider stellte sich jedoch heraus, dass sich dieser Wunsch mit meinen übrigen Wünschen (Klimaanlage – für Italien und das Sonne-Wasser-Haus – und Schiebefenster) nicht vertrug: Mit diesen beiden Ausrüstungen sind Schiebedächer nicht mehr nötig und werden deswegen auch nicht mehr als Jahreswagen angeboten!

Noch heute trauert Martin diesem Auto nach – er macht das Zeichen für ‚altes schwarzes Auto' und für Schiebedach und ich zeige ihm die Richtung nach Osten, in die das Auto gefahren ist und frage ihn, wie viel Jahre das her ist – er macht das Zeichen für ‚10 Jahre'. Um ihn zu trösten mache ich das ‚Schiebedach'- Zeichen, wobei die letzten horizontalen Bewegungen der flachen Hand immer größer werden und zum Schluss auf seinem Näschen landen (eines der vielen Nasenspiele von uns – siehe ‚Weihnachtsbaum')

Zum Trost darf Martin während der Fahrt sein Schiebefenster in meinem ‚neuen' Passat bedienen – er tut das auch häufig selbst bei bitterer Kälte (das letzte Mal waren es draußen ungefähr -5 Grad) – ich sage dann, dass ‚Papa friert' mit heftigen Schüttelbewegungen der Arme, was meistens zu einem lauten Lachen von ihm führt. Nach einiger Zeit mache ich dann mit kleinen Schiebebewegungen sein Schiebedach wieder zu (ich kann es glücklicherweise auch von der Fahrerseite bedienen), was wieder zu Lachen führt – er macht es dann nämlich wieder auf – und so weiter.

Das „Schiebedach" des Autos meiner Frau darf er zu seiner Trauer im Winter gar nicht betätigen: Sie hat nämlich Angst vor der fragilen Mechanik, die schon mehrfach kaputt war und außerdem kleine Löcher hatte – ein Umstand, der auch heute – ca 5 Jahre nach der Reparatur – für ihn immer noch erwähnenswert ist! Meine Frau macht sich jetzt schon Gedanken, wie sie sicherstellen kann, dass ihr nächstes Auto (der jetzige Polo ist schon reichlich betagt), wieder ein elektrisches Schiebedach hat!

Am Wochenende fahren wir zu meinem Schwager und meiner Schwester – der gehörte bis vor kurzem zur obersten Kategorie der Kurbeldachbesitzer – aber auch dieses Auto fiel dem Zahn der Zeit zum Opfer, sein neues Auto hat noch nicht einmal Schiebefenster! Es ist klar, dass wir Martin rechtzeitig vor der Fahrt auf diesen Schicksalsschlag vorbereiten müssen!

Martin hilft

Martin hat es immer Freude gemacht, selbstständig etwas machen zu können – er hat deswegen gerne ‚geholfen'. Martin war immer daran interessiert, etwas Neues dazu zu lernen, ging es am Anfang nur darum, die Teller, die man ihm gab, auf dem Tisch zu verteilen, wurden es bald komplexere Handlungen: Zum Beispiel im Sonne-Wasser-Haus unsere geliebten Gorgonzola-Tomaten zu bereiten – die (vorsichtshalber von uns) geschnittenen Tomaten und den Gorgonzola liebevoll mit den Kräutern zu ‚drapieren',

Montag Martin macht Tomaten

oder beim Kochen seines Lieblingsgerichts Spaghetti Bolognese nacheinander alle benötigten Zutaten zu suchen und zu bringen. Zuhause deckt er jeden Abend den Tisch und räumt manchmal auch die Spülmaschine aus oder ein, etwas besser aus als ein. In letzter Zeit lässt sein Interesse an „arbeitsreichen" Hilfeleistungen etwas nach.

Spagetti Kochen

Der kleine Ingenieur

Sehr gerne hilft Martin auch, wenn es darum geht, etwas zusammenzubauen, z. B. einen Ikea-Schrank, bei dem er die Schrauben eindrehen darf:

Schrank bauen

Hier ist er ganz in seinem Element! Überhaupt ist die Montage technischer Dinge das Gebiet, für das er besonders begabt ist.

Schon in relativ jungen Jahren (das heißt für Martin ungefähr ab dem Alter von 10 Jahren) baute Martin gerne mit Duplo Häuser und entwickelte hierbei einige Phantasie: Oben auf den Dächern ließ er gerne Palmen oder Blumen wachsen.

Als er etwas älter wurde, mit etwa 20 Jahren, wollte ich das Bauen etwas technischer gestalten – es hatte sich schon lange gezeigt, dass Martin alles Technische liebt – ich nannte ihn deswegen auch manchmal „unseren kleinen Ingenieur". Da die Lego Technik für seine Hände zu klein war, kamen wir auf die Idee, es mit der größeren Lego-Variante Toolo zu probieren – und siehe da: Das war genau das Richtige, die richtige Größe und die richtige Komplexität!

Am Anfang baute ich ihm kleine Fahrzeuge vor und ließ ihn sie nachbauen. Zu meiner Überraschung begriff er die Montage sehr schnell und konnte sie auch gut aus dem Gedächtnis wiederholen. Der nächste Schritt war der Bau einfacher Bagger und auch von Phantasiegebilde wie z. B. das Bagger-Flugzeug – ein Bagger mit großen Flügeln.

Die Kräne – der letzte Schritt in der Entwicklung – waren schon so komplex, dass ich für sie jeweils eine einfache Zeichnung für den Nachbau machte – z. B. das Kranauto:

Kranauto 1

Aber auch als die Kräne komplexer wurden – der letzte bestand aus ungefähr 25 Teilen – baute er sie (nachdem ich sie 2-3 mal vorgebaut hatte) ohne Schwierigkeiten nach der Vorlage. Als ich vor kurzem einmal die Vorlage dieses Krans herausnahm (er hatte sie ungefähr 2 Jahre nicht mehr gebaut) hatte er keinerlei Probleme mit dem Nachbau – ohne dass ich helfen musste! Ich meinte zum Spaß, dass ich das meiner Frau nicht zugetraut hätte!

Villach

(Martin war 17 Jahre)

Villach – hinter diesem Städtenamen verbirgt sich die Erinnerung an eine der traurigsten Erlebnisse, bei denen wir Martin fast verloren hätten.

Villach ist die Endstation des Autoreisezuges, mit dem wir von Berlin nach Österreich gefahren sind, um von dort zum Sonne-Wasser-Haus nach Italien weiterzufahren. Am Abend im Zug (die Ankunft war am Morgen des nächsten Tages) sah ich zufällig an Martins Hals die Schlagader heftig pulsieren – eine Messung mit der Hand und der Armbanduhr gab einen Puls von 140 – Vorhofflattern! Da wir das schon vor einem viertel Jahr in Berlin erlebt hatten, wussten wir, was das zu bedeuten hat: Er musste so schnell wie möglich eine Cardioversion bekommen, das heißt per Elektroschock musste versucht werden, den normalen Puls wieder herzustellen! So schnell wie möglich bedeutete hier:

In Villach am nächsten Morgen eine Herzklinik aufzusuchen, wenn es dort eine gibt! Die Nacht im Zug war natürlich voller Anspannung – erstaunlicherweise war Martin guter Laune: Er freute sich wahrscheinlich schon auf das Sonne-Wasser-Haus und schien sein Problem nicht zu spüren..

Glücklicherweise zeigten einige Telefongespräche am nächsten Morgen im Bahnhof von Villach, dass dort eine entsprechende Klinik mit Herzstation vorhanden war! Nach einigen Schwierigkeiten – er wurde wegen seines Alters in die Erwachsenen-

Klinik geschickt, wo man jedoch schnell feststellte, dass er dort völlig falsch am Platz war, sodass man ihn wieder in die Kinderklinik zurückschickten – so war er nach fast einem halben Tag endlich am richtigen Ort: Die dringend benötigte Elektro-Cardioversion konnte endlich durchgeführt werden!

Sie dauerte quälend lange (wir durften nicht dabei sein!) Endlich kam der junge Arzt – wie uns schien blass und mit Schweiß auf der Stirn – und nannte uns den Grund: Martin hatte zweimal einen Herzstillstand gehabt und musste mit einem sehr starken Stromschlag ‚zurückgeholt werden' – an seiner Brust war eine deutliche Hautverbrennung zu erkennen!

Den Abend und die Nacht in der Klinik werde ich nicht vergessen – zunächst war ich bei ihm, später meine Frau: Martin hatte offensichtlich den Eindruck, er müsse jetzt einmal wieder eine längere Zeit im Krankenhaus bleiben statt zum schönen Sonne-Wasser-Haus, auf das er sich schon so gefreut hatte, zu fahren und weinte bitterlich! All mein Streicheln und Küssen konnten ihn nicht beruhigen – auf Zeichensprache konnte er gar nicht reagieren! Bei meiner Frau war es genauso – als er endlich eingeschlafen war und meine Frau sich auch (in einem anderen Zimmer) hingelegt hatte, wurde sie dann wieder von einer Schwester geweckt, weil Martin hemmungslos weinte!

Am Morgen wurde er nach einer kurzen Untersuchung entlassen und wir konnten unsere Reise nach dieser traurigen Unterbrechung fortsetzen. Als Martin feststellte, dass es jetzt doch zum Sonne-Wasser-Haus ging, fing er laut an zu lachen – die Freude blieb dann die ganze Fahrt über!2689